KB268173

ICE LAND

살 면 서
꼭 한 번

〈일러두기〉

이 책의 나온 지명은 아이슬란드 지명 사전(Icelandic place names, 2011)에
표기된 것을 바탕으로 하였습니다.

30대 직장남의 오감만족 아이슬란드 음악 여행기

ICE LAND
살 면 서
꼭 한 번

글 · 사진 이진섭

중앙 books
JoongAng Ilbo

KID A

지루한 오늘, 평범할 내일, 똑같은 매일…
일상 속에서 무심히 이 음악을 들어보시길.
그러다 어느 날 문득
'아이슬란드로 떠나고 싶다!'
는 마음이 든다면
지금 당장 떠나도 좋고,
가까운 미래, 그 언젠가 떠나도 좋다.
중요한 건
살면서 꼭 한 번은
아이슬란드로 떠나야 한다는 것.
평범한 일상을 사는
우리 모두에게
아이슬란드는
우리가 숨 쉴 수 있는
가장 특별한 시공간이 되어 준다는 것.
이제 당신의 오감을 다해
아이슬란드를 느껴볼 시간. 시작.

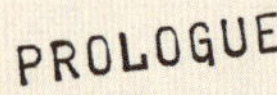

열정적인 사람들은
아이슬란드로 떠난다

○

30대 오르막 길에서 영화 〈월터의 상상은 현실이 된다 The Secret Life Of Walter Mitty〉를 만났다. 이 영화는 살면서 딱히 특별한 경험을 해 본 적 없는 소심한 주인공 월터가 사진작가 션 오코넬을 찾는 과정에서 생애 최고의 순간을 만난다는 내용이다.

무슨 이끌림이었던 걸까. 이 영화를 몇 번 더 보게 되었는데, 그때마다 월터가 스케이트보드를 타고 아이슬란드 93번 도로를 활강하는 장면에서 마음속에 무언가가 꿈틀대는 것을 느꼈다. 멈추어 있진 않았지만 마치 멈춘 듯 느껴지는 내 삶에서 저 같은 활강을 경험할 수 있다면! 월터의 스케이트보드에 내 몸을 싣고 바람을 가르며 거침없이 내달리는 상상이 시작되었고, 영화의 엔딩 크레디트가 올라갈 때 마음먹었다.

'아이슬란드로 가자.'

∞

약 7년 동안 브랜드 매니저로 직장생활을 하면서 나는 틈틈이 음악과 여행에 관한 칼럼을 써 왔다. 때때로 재미삼아 브랜드와 음악, 여행 등을 한데 엮는 작업을 하기도 했는데, 그러다 보니 무엇이든 서로 연결해보는 게 취미처럼 되어버렸다.

어머니의 말씀대로 어쩌면 내겐 '연결하는 본능'이 있는지 모르겠다. 일할 때, 여행할 때, 음악을 들을 때, 심지어 소비할 때조차 연결 본능이 발동하는 자신을 만난다. 이것이 나만의 삶의 방식을 개척하게 했고, 때로는 수렁에 빠질 수 있는 순간에서 날 살려내기도 했다. 이것과 저것을 연결하는 작업은 내게 삶의 의미를 주는 좋은 방식이라는 걸 부정하지는 못하겠다. 여행과 음악은 자주 내 연결 본능을 작동시킨다.

새로 마주하는 풍경, 사람들, 탈것, 볼거리, 먹을거리, 이 모든 것들이 시간의 필름 위에 파노라마처럼 펼쳐질 때 평탄했던 우리의 일상은 요동치기 시작한다. 이 소중한 순간들을 간직하기 위해 우리는 흔히 사진, 일기, 엽서, 기념품 등의 타임캡슐을 동원한다. 요즘은 스마트폰을 활용해 바로바로 SNS에 공유하기도 한다. 내게도 물론 이러한 물건들이 여행의 값진 기억을 담게 해주는 필수품이다. 하지만 잊지 않고 챙기는 음악만큼은 아니다.

평소에 즐겨 듣던 음악도 새로운 장소, 시간, 사건 속에서 아주 다르게 들리거나, 더 깊은 울림을 줄 때가 있다. 반대로 어떤 풍경을 음악적으로, 그러니까 때로는 가사에, 때로는 리듬이나 멜로디에 따라 마주하게 된다.

음악과 여행이 이러한 상호작용을 통해 각각의 의미와 느낌을 증폭시킨다고나 할까. 다소 인위적으로 비칠 수도 있겠지만, 음악 없이 길을 가고 맥락과 상황을 제거한 채 음악을 트는 것은 내게 오히려 부자연스러운 일로 보인다.

나는 아이슬란드 여행길에 음악을 적극적인 동행으로 삼기로 했다. 사실 나를 처음으로 아이슬란드로 이끈 것은 영화 속 월터가 달리는 장면만이 아니라, 이때 배경으로 깔린 두 노래, 데이빗 보위David Bowie의 'Space Oddity'와 호세 곤잘레스Jose Gonzalez의 'Stay Alive' 때문이기도 했다. 풍경과 음악이 절묘하게 부딪혀 매우 생소하기만 했던 나라 아이슬란드로 날 밀어낸 것이다. 그리고 그 충동질은 다름아니라 질문이었다.

'너는 살아있는가?'

영화 〈월터 미티〉를 보고 충동적으로 떠난 아이슬란드 여행 후 3년의 세월이 흘렀다. 놀랍게도 그동안 난 두 번 더 그곳에 다녀왔다. 지독히도 고독한 시간 속에서 삶의 전환점을 맞이할 수 있었던 첫 번째 '나 홀로' 여행, 나에게 삶을 선물해 준 어머니께 나 또한 선물을 해드릴 수 있었던 두 번째 모자母子 여행, 그리고 현지 친구들과의 인연을 잊지 못해 무작정 떠나 그들과 조우했던 세 번째 여행까지. 누군가는 '그 비싼 아이슬란드 여행을 세 번씩이나' 하고 놀라겠지만 보통 수저 물고 태어난 내가 여윳돈 넉넉할 리 만무하고 열심히 직장 생활하며 차곡차곡 모은 돈을 해외여행이라면 그저 아이슬란드에 올인하다시피 했으니 전혀 불가능한 얘기도 아니다. 혼자서, 가족과, 친구들과 아이슬란드를 여행한 나의 다음 목표는 평생을 함께할 내 짝과 그곳에 가는 것이다. 이제 사람들은 내게 다른 궁금증이 생길 것이다.

'아이슬란드를 세 번씩이나 가는 그 이유, 아니 그 매력이 대체 뭘까?'

나는 아이슬란드의 끊을 수 없는 마력을 더 많은 이들에게 알리고 싶어졌다. 음악을 통해 아이슬란드를 아련하게나마 느끼고 사진들을 통해 상상 속 아이슬란드를 머릿속에 구체화하고 글을 통해 아이슬란드에 대한 생경함을 벗을 수 있다면! 누군가의 오감만족 아이슬란드 여행을 위해 책 집필을 결심했다.

○○○○○

사람들은 아직 아이슬란드를 멀고 낯설게 느낀다. 그런데 내가 그 섬에 다녀온 후 내 무용담에 자극을 받은 건지, 내 변화가 신기했던 건지, 아니면 '저 친구가 갔으니 뭐 나도 갈 수 있겠다'고 생각한 건지, 주변에 아이슬란드에 다녀온 선후배들이 하나 둘 생겨났다. 매일 야근에, 주말 출근을 거듭하던 회사 후배는 뭔가에 홀린 듯 갑자기 아이슬란드행 비행기 표를 끊었다. 다녀와 나를 만났을 때의 표정은 흔한 말로 여한이 없어 보였다. 8년간의 직장 생활을 정리한 한 선배는 고단했던 삶의 쉼터로 아이슬란드를 택했다. 아이슬란드 뮤지션 비요르크Björk와 시구르 로스SigurRós를 좋아하는 선배는 아이슬란드 여행이 자기 삶의 버킷리스트였다며 설레는 마음으로 출국을 앞두고 있다. 누구와 언제든, 나는 아이슬란드 이야기를 나누는 게 즐겁다. 최근 방영한 〈꽃보다 청춘-아이슬란드〉 편 덕분에 더 많은 이들이 저 화산과 얼음의 땅을 향해 마음을 달굴 것 같다.

○○○○○○

열정적인 사람은 아이슬란드로 떠난다. 열정은 단지 기질이나 성격을 의미하지 않는다. 저마다 주어진 삶의 터전에서 묵묵히 자신의 무언가를 쌓아가는 사람들에게 이 단어는 가장 잘 어울린다. 열정은 오랜 세월 동안 회사 암실에서 현상 작업을 반복해 온 월터 미티, 삶의 정수를 카메라에 담는 션 오코넬, 자신의 일(배역)을 위해 부단히도 노력한 〈꽃보다 청춘-아이슬란드〉 편의 포스톤즈 멤버들, 그리고 보이든 보이지 않든 자신이 처한 곳에서 매 순간 최선을 다하는 사람들의 것이다.

이 책은 열심히 일하고, 음악을 즐기고, 여행에 푹 빠진, 평범하나 열정적인 한 직장인이 아이슬란드와 함께한 음악 이야기, 혹은 음악과 함께한 아이슬란드 여행기다. 세 번의 여행 동안 아이슬란드의 도심과 자연을 누비며 들었던 음악들을 시그니처 뮤직 Signature Music으로 소개하고 있으니 부디 함께 즐기시길 바란다. 욕심을 부리자면 열정적인 사람들이 그간 꿈꾸던 아이슬란드 여행길에 오를 때 좋은 감성 이정표가 되었으면 한다.

월터의 상상뿐 아니라 여러분의 상상도 현실이 되기를.

2016년 봄

이진섭

음악과 여행의 마리아주, 책장을 넘기면 눈앞에 펼쳐지는 생생한 아이슬란드

아이슬란드 뮤지션 스바바 크누투르의 오묘하게 쓸쓸한 곡 'Draumveran'을 듣고 있다. 간주부에 나오는 '오오오옹~' 소리가 톱 연주가 아니라 어쩌면 아이슬란드 황야의 오두막에서 들리는 외풍 소리일지도 모르겠다는 생각을 한다. 아이슬란드인들의 음악엔 특별한 데가 있다. 그래서 비요르크, 시구르 로스, 아우스게일, 올라퍼 아르날즈, 구스 구스의 콘서트를 봤지만 그건 내가 서울을 정말 뜨느냐와는 엄연히 다른 문제다. 2014년, 서울의 5월 햇살 아래서 그가 건넨 〈Kvöldvaka〉 앨범에 실린 곡. 그는 "아이슬란드에 다녀왔다"고 했고, 난 "부럽다"고 했다.

그곳의 멋진 풍광에 극적인 스토리까지 얽힌 영화 〈월터의 상상은 현실이 된다〉를 보면 뭐하나. 이 세상 밖 어디론가 날아갔으면 하고 꿈꾸는 건 그때뿐, 나의 자리에 난 매번 주저앉았다. 황지우 시인의 '새들도 세상을 뜨는구나'처럼. 그사이 그는 아이슬란드를 두 번이나 더 다녀왔다. 내가 그에게 할 수 있는 말은 매번 같다. "부럽다!" "거기, 어때?"

어떡하나. 책의 목차만 넘겨보고 벌써 가슴이 뛰기 시작했다. 시구르 로스, 오브 몬스터즈 앤 멘, 비요르크, 에밀리아나 토리니… 그리고 팻 매스니, 라디오헤드, 데이빗 보위, 콜드플레이.

지은이는 요즘 말로 하면 '사기 유닛', 또는 '존잘러'다. 팝 칼럼니스트로만 알고 있었는데 실제로 만나 보니 브랜드 마케터이자, 기획자이며 심지어, DJ이기도 하다. DJ 데뷔 무대는 스페인 바르셀로나에서 가졌다고 했다.

추진력이 부족한 나는 그에게서 배우고 싶다. 쉽고 재치 넘치는 묘사를 하는 그는 작가다. 음악과 여정의 마리아주를 추천하는 그는 셰프다. 현지 여행의 꿀 같은 팁을 친절히 늘어놓는 그는 상담원이다. 그와 함께라면 두려울 게 없다. 책장을 넘기며 펼쳐진 눈앞의 생생한 아이슬란드, 그 얼음의 땅에 더욱 가고 싶어졌다.

지난해 12월, 서울 공연 대기실에서 아이슬란드 음악가 올라퍼 아르날즈를 만났다. 아이슬란드 여행 잘하는 법을 추천해 달랬더니 그가 말했다. "빈 병을 바닥에 돌려서 멈춘 병목이 가리키는 방향으로 무작정 가라. 가다 닿는 첫 집 사람에게 말을 걸어라. 길을 잃어라."

이 책의 지은이는 내게 단호히 "그건 좋은 방법이 아니다"라고 했다. 아르날즈의 음악을 믿는 것과 별개로 이 대목에서 난 그를 좀 더 믿는다.

레이캬비크엔 이런저런 이유로 올해도 못 가겠지만, 모르겠다. 서울에서라도 일단 호강하고 보겠다. 두툼한 여비와 외투만큼 미더운 이 책을 읽는 것으로 대신.

임희윤 동아일보 기자

얼음과 불, 바람의 결, 하늘의 색이 담긴 청춘의 기록

이진섭 작가는 음악적 세계시민(Musical Cosmopolitan)이다. 너무 거창하고 모호한 표현일지 모르겠지만 내가 그를 단 한 줄로 표현할 수 있는 가장 적절한 표현이다. 그에게 있어 여행의 숨겨진 주제는 늘 음악이었고 그 주제를 통해 그는 '여행객'이 아닌 '음악적 인간'의 신분으로 그곳을 탐험한다. 이진섭 작가는 어느 곳을 가든 스스로의 음악적 끓는점을 유지하며 그 본능적인 반응을 유지한다. 어떻게 보면 스스로 그 화학반응을 이끌어내기 위해 혹은 확인하기 위해 어디론가 떠나려고 하는지도 모른다. 그가 다녀온 수많은 여행이 그랬듯 이번 아이슬란드로의 여행 역시 그가 '음악적 세계시민'임을 스스로에게 그리고 많은 이들에게 다시금 확인시켜주는 충분한 증거다.

이 책에서 작가가 소개하는 음악들은 단순히 '아이슬란드에 가서 들으면 끝내주는 음악'쯤이 아니다. 그가 다녀온 여행길에서 만난 얼음과 불, 바람의 결, 하늘의 색, 그리고 그때의 감정과 생각을 담아온 청춘의 기록이다. 각 장마다 그가 추천해 놓은 음악들은 글과 사진으로 전달하기 어려운 매우 개인적이면서도 비밀스러운 그의 감정을 독자들에게 전달해 준다. 어찌 보면 이 책의 주된 소통 수단은 글이 아닌 음악과 사진에 담긴 풍경일지도 모른다는 생각이 든다.

나는 독자들에게 이 책을 반드시 두 번 읽어 보기를 권한다. 처음에는 책에 수록된 사진과 함께 작가가 추천해 놓은 음악들을 들으며 그가 아이슬란드에서 담아온 추억과 생각을 엿보며 나누길 권하고, 그 다음에는 그가 글로 써내려간 견문록을 읽어보길 권한다. 그 순간 당신은 작가와 가장 친한 친구가 되어 아이슬란드에 있는 어느 바에 앉아 히히덕 거리며 농을 던지고 있을 것이며 또 그러다가도 마음속 깊이 숨겨둔 이야기를 털어놓고 있을 것이다. 그리고 그 장면 뒤로 음악이 흐르고 있을 것이다.

이유겸 유니버설 뮤직

살면서 한 번쯤 아이슬란드 여행을 꿈꿔볼 만한 책

작가의 사진 한 장이 시작이었다. 그간 한 번도 생각해보지 않았던 아이슬란드로 나를 훌쩍 떠나게 한 건 이진섭 작가가 아이슬란드 빙하 앞에서 찍어 올린 사진 때문이었다. 작가는 피리 부는 마술사처럼 여행을 충동질하는 재주가 있다.

8년 동안 다니던 직장을 그만두고 새 직장으로 옮기기 전 나에게 주어진 시간은 불과 2주. 아이슬란드로 마음을 정한 후 작가에게 '불을 지폈으니 끝까지 책임져라' 하는 마음으로 연락을 했다. 만나기로 한 장소에 가보니 작가는 백팩 한 가득 자료를 채워 왔다. 당장 노트북을 꺼내 외계 행성 같은 아이슬란드 풍광 사진을 보여주며 여행길에 꼭 들어야 할 아이슬란드 음악과 아이슬란드를 배경으로 한 영화 이야기, 그리고 왜 꼭 렌터카 여행을 해야 하는지, 그가 보고 느낀 아이슬란드를 가감 없이 그려냈다.

그리고 떠났다. 빙하가 내려와 검은 모래사장 위에 툭툭, 마치 거대한 다이아몬드처럼 자리 잡고 있던 해변 마을, 비크. 강렬한 바람과 물안개로 거친 자태를 뽐내더니, 검은 모래사장과 대비되는 보랏빛 라벤더 꽃밭이 짙은 향을 뿜어내며 날 반겨주기도 했다. 그런가 하면 수도 레이캬비크에서는 작가의 추천대로 '12 Tonar'라는 레코드 가게에 들러 한편에 자리 잡은 소파에 몸을 맡기고 헤드폰을 낀 채 아이슬란드의 인디 음악을 들으며 하염없이 시간을 흘려 보냈다. 여행의 마지막 3일을 남기고, 작가의 조언대로 차를 렌트했다. 때론 몇 시간을 달려도 차 한 대, 사람 한 명 만날 수 없는 곳에서 단지 음악만이 나와 함께 했을 뿐이다. 그 순간 작가가 왜 아이슬란드를 세 번이나 찾았는지 이해했다.

책을 왜 쓰려고 하냐는 질문에 '아이슬란드가 궁금한 이들에게, 내가 당신에게 설명했던 것들을 좀 더 섬세하게 알려주고 싶어서'라는 답이 돌아왔다. 그는 치밀하리만큼 이성적이고도 놀랍도록 감성적인 사람이다. 그 이성과 감성을 담아 집필한 책이라면 누구나 한 번쯤 읽어볼 만하고 또 한 번쯤 아이슬란드를 꿈꿔볼 만하리라 자부한다.

홍종희 Airbnb 홍보 총괄

후사비크
셀포스
데티포스
아쿠레이리
미바튼
세이디스
피오르드
스티키스
호일무르
그룬다피오르드
씽벨리르
국립공원
게이시르
귀들포스
바트나외퀴들
케플라비크
공항
회픈
레이캬비크
스카프타페들
블루라군
외쿨사룔론
셸야란즈포스
1번 도로
스코가포스
레이니스파라
비크

우리의 상상은

현실이 되는가?

케플라비크 국제공항
KEFLAVIK INTERNATIONAL AIRPORT

#월터미티 #아이슬란드공항 #환전 #렌터카 #흥분

#도저블루 #dogerblue

세상을 보고

무수한 장애물을 넘어

벽을 허물고

더 가까이 다가가 서로를 알아가고

그리고 느끼는 것

그것이 삶의 목적이다

영화 〈월터의 상상은 현실이 된다〉에서

영화 〈월터의 상상은 현실이 된다 The Secret Life of Walter Mitty〉 OST

〈월터의 상상은 현실이 된다(The Secret Life of Walter Mitty, 2013)〉(이하 〈월터 미티〉)의 OST는 이 영화의 감독이었던 벤 스틸러Ben Stiller의 취향에 딱 맞는 스웨덴 출신 싱어송라이터 호세 곤잘레스Jose Gonzalez의 콘셉트 앨범 같다. 조곤조곤 이야기하듯 노래하는 호세 곤잘레스는 제한된 중음역대에서 무한한 상상력을 펼쳐내는데, 이게 아이슬란드와 참 많이 닮아 있다. 엉겁의 세월을 견뎌온 빙하와 만년설, 반백(半白) 머리를 한 수많은 오름, 만년설이 어느덧 녹아 대지 곳곳 장관을 펼치는 폭포….

세 번의 아이슬란드 여행길에서 이 앨범은 나의 필수품이 되었다. 호세 곤잘레스의 곡 'Step Out'과 'Stay Alive'를 포함하여, 아이슬란드 출신 밴드 오브 몬스터즈 앤 멘Of Monsters And Men의 'Dirty Paw', 밴드 로그 밸리Rogue Valley의 'The Wolves & The Raven' 그리고 글램록의 전설, 데이빗 보위David Bowie의 명곡 'Space Oddity' 등은 케플라비크 공항에 도착했을 때부터 아이슬란드 곳곳을 돌아다니는 동안 자꾸 꺼내게 만든다. 아이슬란드 여행길에 단 한 장의 앨범을 챙겨야 한다면 단연 이 OST다!

∞

아이슬란드의 관문,
케플라비크 국제공항

"두구둥~."

오랜 기간 동경해 온 세계를 향한 첫걸음의 순간, 영화 〈월터 미티〉 OST의 첫 곡 'Step Out'이 시작된다. 심장을 쿵쾅쿵쾅 울리는 드럼과 기타 스트로크가 아이슬란드 케플라비크 공항으로 향하는 비행기에 올랐음을 알린다. 여행을 하다 보면 사소한 것에도 의미가 피어난다. 8자 형태로 꼬여 있는 이어폰이 비행기 창에 스민 빛에 반사되어 무한대의 신호를 보내고 있었다. '너는 무한의 대지에 발을 내딛게 될 것이다!'

아이슬란드인은 874년 이 섬에 건너온 노르웨이인(바이킹)을 뿌리로 하고 있다. 그래서일까. 두 나라의 국기는 색깔만 다를 뿐 십자가 디자인이 똑같다. 빨간색 바탕에 파란색 십자가 노르웨이 국기, 파란색 바탕에 빨간색 십자가 아이슬란드 국기다. 북유럽에 길게 늘어선 노르웨이의 서쪽, 북위 64도에 아이슬란드는 위치한다. 덴마크의 수도 코펜하겐에서 비행기로 약 2시간 40분, 영국 런던에서 약 3시간 10분, 독일 베를린에서 3시간 45분 정도 걸린다. 이처럼 아이슬란드로 가는 길은 중간 경유지마저 매력적인 도시들이다.

내가 택한 경유지는 런던. 런던에서 갈아탄 비행기가 대서양과 노르웨이해를 가로질러 2시간 30분가량 날아가니 비행기 창 아래로 설산의 섬, 아이슬란드가 보인다. 안내 방송과 함께 비행기가 180도 선회해 섬 한 바퀴를 돈다. 반대편 창의 승객을 위한 조종사의 배려 같다. 이윽고 착륙한 곳은 케플라비크 국제공항 Keflavik International Airport. 수도 레이캬비크에서 서쪽으로 45km쯤 떨어진 아이슬란드의 관문이다.

Keflavik International Airport

"Better weight than wisdom
a traveller cannot carry"
Hávamál,
the Sayings of the Vikings
pass the word

"I feel
emotional landscapes
they puzzle me"
pass the word

유럽 공항들은 대부분 자신들의 특성을 색깔로 보여주려는 것 같다. 아이슬란드 케플라비크 국제공항은 곳곳에 다홍색과 짙은 청색의 대조가 유난히 눈에 띈다. 성수기에도 여느 유럽의 공항처럼 번잡하지 않고 꽤 깨끗한 편이다. 한산한 공항 입국 수속장의 벽에 걸린 바이킹의 속담 문구가 눈길을 끈다. 이 나라에 들어서면서 처음 흡수한 언어다. 척박한 이 땅에 정착하여 삶을 꾸리고 또 다른 세계를 개척했던 바이킹들은 여행의 가치를 이렇게 가르친 모양이다.

"Better weight than wisdom a traveler cannot carry. 여행자에겐 어떤 짐보다 지혜가 필요하다"

비 그친 하늘. 구름을 뚫고 내리쬐는 태양이 창문에 새겨진 노래 가사와 경구들을 빛내고 있었다. 공항 천장을 장식한 스테인드글라스도 질세라 빛의 마법을 부리며 아이슬란드에 막 도착한 이방인을 축복했다. 통로의 막바지에 다다르자 아이슬란드의 뮤지션 비요르크Björk의 노래, 'Joga'의 한 대목이 앞으로 있을 시간의 암시처럼 들렸다.

"Emotional Landscapes, They Puzzle Me. 감동적인 풍경들, 그들이 나를 어리둥절하게 만들죠"

입국 심사가 끝나고 드디어 공항 밖으로 나왔다. 찬바람이 살갗을 파고든다. 낯선 풍경을 향해 발길을 옮기기 전, 잠시 눈을 감는다. 유라시아판과 북아메리카판이 충돌한(혹은 충돌하고 있는) 현장에 내가 왔노라. 몇 시간 후면 막연했던 아이슬란드의 모습들은 존재 대 존재로 다가와 내 삶의 한 부분이 될 것이다.

영화 〈월터 미티〉에는 주인공 월터가 다니는 잡지사의 라이프지Life 誌와 타임지 Time 誌가 나란히 등장한다. 시간(Time) 과 생명(Life) 혹은 시간과 삶. 생명이 시작된다는 것은 시간을 쓰기 시작한다는 것이다. 목표 지향의 도시 속 삶, 시간을 다루는 일들에 파묻혀 살았던 일상과 잠시 안녕을 고하고, 낯선 땅 아이슬란드에서 삶이란 무엇인가를 다시 생각한다.

삶이 요동치듯 아이슬란드의 자연 역시 종잡을 수 없다. 날씨 변덕이 심해 눈은 언제 올지 모르고 간혹 야외활동이 힘들 정도로 돌풍이 몰아친다. 특히 겨울철에 해당하는 10월에서 4월 사이에는 비행기가 제날짜, 제시간에 못 뜨는 경우도 있다. 폭설 등으로 도로 통행이 어려울 때면 경비와 시간, 차와 기름을 다 챙기고도 가려던 곳을 포기해야 한다. 하지만 신천지가 주는 감동이 기다리니 이 모든 것을 감수하고 때가 오기를 기다릴 만하다.

아이슬란드에서의 완전한 자유여행을 위해선 차량 운전이 필수다. 떠나오기 전, 렌터카 사이트를 통해 예약해 둔 차를 찾으러 갔다. 렌터카 업체 직원은 '너처럼 이곳을 잠시 들렀다 지나치는 녀석들을 수없이 봤다'는 듯이 시크하다. 친절하지도, 그렇다고 불친절하지도 않은 폼이 숙련된 매뉴얼 그 자체다. 오랜 비행시간 끝에 만난 첫 아이슬란드 사람이었으니 내 깐엔 반가운 마음으로 사진 한 장 같이 찍자고 청했다. 그러자 조금 귀찮다는 듯 카메라만 바라보길래 나도 멋쩍게 셔터 한 번 누르고 이내 자리를 떴다.

아이슬란드 외곽을 한 바퀴 돌 계획이었지만 여차하면 하이랜드(아이슬란드의 동북쪽 내륙 지역)로도 들어가고 싶었기에 튼튼한 4륜구동차를 빌리고 내비게이션과 보험사항을 체크했다. 수도 레이캬비크에 살고 있던 아이슬란드인 친구 오니Lárus Oni Jóhannsson가 이곳에 오기 전에 이런 조언을 해줬다.

"아이슬란드 날씨는 시시각각 변덕을 부리고, 언제 어디서 바람이 불어 자갈이나 화산재가 날아와 차를 손상시킬지 모르니 반드시 차량보험을 들어야 해. 이곳에서는 파손된 차 때문에 렌터카 업체들이 고객에게 청구하는 돈이 엄청나다고!"

오니의 말대로 보험을 챙기고 차의 상태도 재차 확인했다. 아까 콧속을 파고들던 바람은 세를 불리고 방향을 바꿔 내 몸을 좌우로 흔들어댔다. 차에 올라 안전벨트를 하고 차 안의 CD 플레이어에 한국에서 가지고 온 〈월터 미티〉 OST 음반을 집어 넣었다. 출발의 신호. 기타 스트로크! 드럼 비트! 아이슬란드에서 크게 울려 퍼지는 노래, Step Out!

"(스트로크) 지기장~
Time To Step Outside, Time To Step Outside….
워 어어~ 워 오오~"

목표 지향의 도시 속 삶, 시간을 다투는 일들에
파묻혀 살았던 일상과 잠시 안녕을 고하고, 낯선 땅
아이슬란드에서 삶이란 무엇인가를 다시 생각한다.

**'아이슬란드 사람들은
친절하지 않다?'
라는 오해**

아이슬란드는 대도시인 레이캬비크나 아쿠레이리 등에 위치한 몇몇 호텔이나
좋은 레스토랑을 제외하곤 렌터카 업체, 숙박업소, 뮤지엄 등의 서비스가
친절하지 않다고 느낄 가능성이 높다. 아이슬란드의 한 서점에서 구입한 책,
〈Xenophobe's Guide To The Icelanders〉에는 이렇게 적혀 있다.

"바이킹의 후예들인 아이슬란드인들에겐 '오는 사람들은 곧 떠날 것'이라는
의식이 자리 잡고 있다."

이러한 의식은 간략하면서도 실용적인 것을 추구하는 현재 아이슬란드인들의
언어, 행동, 건축, 문화와 모두 연관되어 있는데, 형식적인 인사를 생략하는
것도 이와 멀지 않다. 이것이 여행자나 외부인이 보기에 친절하게 느껴지지
않을 수 있으나, 그렇다고 아이슬란드 사람들이 전부 불친절하다고 단정해선
안 된다. 어쨌든 전반적으로는 불친절하다는 생각을 가지고 있으면, 그들의
불친절에 상처받을 일도 없고, 의외의 친절에 더 큰 감동을 받을 수도 있다.

후사비크
셀포스
데티포스
아쿠레이리
미바튼
세이디스
피오르드
스티키스
호일무르
그룬다피오르드
바트나외퀴들
씽벨리르
국립공원
게이시르
귀들포스
회픈
케플라비크
공항
스카프타페들
외쿨사를론
블루라군
1번 도로
셀야란즈포스
스코가포스
레이니스파라
비크

2

연기의 항구에
예술이 흐르네

수도, 레이캬비크
REYKJAVIK

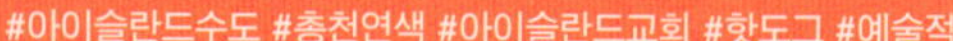

웃어봐

원을 돌면서

손을 잡고서

모든 세상이 흐릿해보여

네가 서있을 때는 그렇지 않지

젖어보자

취해보자

고무장화를 신지 않고서

우리에게 달려들어봐

시구르 로스Sigur Rós, 'Hoppípolla'에서

시구르 로스Sigur Rós 〈Takk〉

아이슬란드의 국민 밴드 시구르 로스(영어로 시규어 로스라고 읽기도 함)는 이 장에서 소개할 아이슬란드의 수도, 레이캬비크 출신으로 이른바 '희망어(Vonlenska)'를 노래하는 밴드다. 희망어란 음악 형식에 맞게 음절들을 배열한 (일정한 문법이나 의미를 가진 언어가 아닌) 노랫말인데, 이게 상상 속 요정들이 노래하는 것 같은 아름답고 신비로운 음악적 분위기를 만들어낸다. 더불어 시구르 로스의 연주가 자아내는 불가사의한 분위기와 숭고한 느낌에 데이빗 보위, 라디오헤드, 비요르크, 제임스 헷필드 등 많은 뮤지션들이 감동했고, 거기서 영감을 얻었다.

앨범 〈Takk〉에 수록된 곡, 'Hoppípolla', 'Sé lest', 'Sæglópur', 'Mílanó', 'Gong', 'Andvari' 등에서 리더 욘시가 희망어로 노래할 때, 멤버들의 기타, 베이스, 드럼 소리는 오로라처럼 황홀하게 활개친다. 특히 이 앨범은 레이캬비크의 알록달록한 색감, 파도를 파고드는 거친 바람, 자연을 닮은 건축물과 함께할 때 비로소 빛을 발한다. 레이캬비크에서 이곳 출신 뮤지션들의 음악을 듣는 것 자체가 내겐 그저 감개무량이다.

∞

상상과 실제

대학 시절, 아이슬란드 밴드 시구르 로스의 음악 여정을 담은 다큐멘터리 영화 〈헤이마(Heima, 2007)〉를 본 적이 있다. 레이캬비크의 클람브라툰Klambratún 공원에서 푸른 하늘에 빨간 연을 날리며 노는 아이들의 모습과 삼삼오오 모여 앉은 이들이 시구르 로스의 공연을 관람하는 장면이 매우 인상적이었다. 아이슬란드에 대해 잘 몰랐던 내게 레이캬비크가 곧 아이슬란드였고, 내 머릿속에 아이슬란드는 푸른 하늘의 빨간색 연과 시구르 로스의 공연이 어우러진 풍경으로 남아 있었다.

공항에서 레이캬비크로! 가만, 지명을 제대로 알아야 내비게이션 검색을 할 텐데…. 그나마 익숙한 레이캬비크조차 내비 앞에선 머뭇거리게 된다. 레이캬비크를 발음하는 것도 영 서툴다. 기억을 더듬어 내비게이션에 클람브라툰을 검색하고는 운행을 시작한다. 레이캬비크로 들어가는 길엔 로터리가 많아 바짝 긴장하고 운전해야 한다. 좀 달릴라 치면 타운이나 사거리에 어김없이 로터리가 나와 질주본능을 잠시 눌러준다. 낯선 곳에 왔으니 겸손하게 속도를 줄이고 천천히 적응하라는 신호 같다. 속도를 올렸다, 내렸다를 반복하고 보니 시내 공원에 도착, 초록 풀밭과 동네를 거니는 여유로운 사람들의 모습이 이방인에게도 안도감을 준다.

　870여년경 바이킹이 이곳에 터를 잡은 후, 현재 약 12만 명의 인구가 아이슬란드의 수도인 바로 이곳, 레이캬비크에 산다. 아이슬란드의 총인구가 32만 명 정도니, 전체 국민의 1/3이 이곳에 몰린 셈이다. 레이캬비크는 '증기(蒸氣)가 있는 항구'라는 뜻인데, 도시 중심부에서 올라오는 온천 증기 때문에 붙여진 이름이란다. 그래서 굴뚝이나 공장이 많을 것으로 예상했는데 딱히 눈에 띄지 않았다.

　레이캬비크의 전력은 재생 가능한 지열과 수력 발전으로 얻는다고 한다. 대중교통 수단으로는 수소를 연료로 하는 버스가 다니는 등 시 전체가 친환경 도시로서 국제사회의 주목을 받고 있다. 펄펄 끓는 화산지대에 집을 짓고 사느라 자연이 주는 혜택과 재해를 적재적소에 잘 활용하는 것 같다.

화산, 지진, 거센 바람이 있는 매서운 자연의 놀이터에서 이들은 나름의 생활양식을 일궜다. 그것이 이곳에 사는 사람들의 삶을 심미적 태도로 변화시킨 건지 모르겠다. 아이슬란드 수도 레이캬비크는 예술적이다. 집, 교회, 가게, 사람들의 걷는 모양, 심지어 공기까지도.

총천연색 도시,
레이캬비크

©Iurie Belegurschi

시청, 콘서트홀, 미술관, 박물관, 공원, 호수 등을 연이어 지나 시내에 한가운데 있는 호텔을 찾았다. 주차를 하고 차 밖으로 나오니 흑백 대비가 분명한 부티크 호텔이 눈에 들어왔고, 언덕배기에는 레이캬비크의 상징, 할그림스키르캬 Hallgrímskirkja가 날개를 활짝 핀 새의 자태로 우뚝 솟아 있다. 얼핏 봐도 시내가 그리 크게 느껴지지는 않는다

빨강, 파랑, 노랑, 초록, 보라 옹기종기 모여 있는 무지개 빛깔의 건물들을 둘러보며 시구르 로스의 앨범 〈Takk〉을 들으니, 이 모든 색을 입은 노래가 새로운 화음을 만들어 내가 선 그 자리를 풍부하게 만든다. 다큐멘터리 영화 〈Heima〉에서 느꼈던 것보다 농도 짙은 아름다움이 발걸음마다 피어난다. 화산, 지진, 거센 바람이 있는 매서운 자연의 놀이터에서 이들은 나름의 생활양식을 일궜다. 그것이 이곳에 사는 사람들의 삶을 심미적 태도로 변화시킨 건지 모르겠다. 아이슬란드 수도 레이캬비크는 예술적이다. 집, 교회, 가게, 사람들의 걷는 모양, 심지어 공기까지도.

주황색 바탕의 팬시한 카페 바바루 Café babalú에 들러 향긋한 진저라테와 부드러운 크레페로 쌓인 피로를 잠시 달랜다. 생각해보니 아이슬란드에서 먹은 첫 음식이다. 긴장 속에 먼 여정을 시작해서인지 여행 초반부터 피로감이 시작되었는데, 역시 달달한 맛은 진리다. 피로가 좀 걷히자 물 빠진 초록 빛깔의 맞은편 건물, '12 Tónar'라 써 있는 노란색 간판이 눈에 들어온다. 어라, 레이캬비크의 유명한 레코드 가게인데! 이곳은 시구르 로스가 소규모 공연을 했던 장소이고, 몇 해 전 가수 이효리-이상순 커플이 신혼여행을 와서 들렀던 곳이기도 하다. 애써 찾아가려던 곳이 이렇게 발견되니 놀랍고도 반갑다. 더구나 식후, 기분이 아주 좋은 식후경 때에!

12 Tónar는 실제 음반을 판매하는 것 말고도 아이슬란드 뮤지션을 해외에 소개하는 레이블 역할을 하고 있다. 때문에 관광객들이 수시로 드나들고 가게 앞에서 사진을 찍는 이도 제법 있지만 실제로 음반을 사가는 사람은 드물었다. 가게 주인도 늘 있는 일이란 듯 드나드는 사람에 크게 반응하지 않는 것 같다. 발걸음을 옮길때마다 나무 바닥에서 삐그덕 소리가 나는데 초등학교 때 왁스 먹여(?)가며 닦던 낡은 나무 바닥이 떠올랐다. 막 들어섰을 때는 처음 듣는 노래가 나오더니 그 곡이 끝나자 시구르 로

스의 'Glósóli'가 공간을 메웠다. 마치 의도된 우연처럼.

아이슬란드 뮤지션의 앨범이 진열된 곳에 섰다. 시구르 로스, 비요르크, 신 팡, 에프엠 벨파스트 등 익숙한 아티스트도 몇 되지만 모르는 아티스트가 대부분이다. 팝이나 클래식 앨범도 진열돼 있다. 그러고 보니 이 레코드 가게는 주인장 추천 음반들을 골라 한쪽에서 들을 수 있게 모아놓았는데 그게 참 마음에 들었다. 또 계산대 부근의 쇼케이스에는 아티스트들이 기증한 데모 음반과 그들의 사인이 있다. 가만히 훑어보다가 재미있는 앨범 하나가 눈에 띈다. 국내 드라마 '안녕 프란체스카' OST. 이곳에 앨범을 챙겨올 만큼 열정 있는 사람이 누굴까.

주인의 추천 앨범 몇 장을 집어 카운터에 서니 심장이 쿵쾅거린다. 여행지에서 만나는 새로운 음악은 언제나 나를 설레게 했으므로. 앨범은 한국에 비해 비싸다. 대략 한 장에 2,700~3,100ISK(아이슬란드 크로나)로 한국 돈 약 24,000~28,000원 정도다. 이 레코드점은 심지어 공항보다도 좀 더 비쌌다. 여행자가 치러야 할 삯이겠거니 생각하고 마음을 훌훌 터니 새로 산 음악에 대한 궁금증만 남는다. 나중에 알게 된 사실이지만 아이슬란드 사람들도 CD는 거의 사지 않고, 스트리밍 서비스나 MP3로 음악을 접한다고 한다. CD를 사는 사람은 나 같은 관광객들뿐이라고. 속도와는 동떨어져 있을 것 같은 도시라고 해서 '효율'과 '편리'를 추구하지 말란 법은 없을 터.

레이캬비크 내
추천 음반 가게

음반 사러 레코드 가게에 출입해
본 기억이 가물가물한 여행객들은
레이캬비크의 음반 가게를 그냥
지나치지 말자. 꼭 음반을 사지
않더라도 잠시라도 들러 그곳 분위기와
음악을 즐겨보길 바라며 레코드 가게
몇 군데를 추천한다.

○①
12 Tónar

위치 Skólavörðustígur 15, 101 Reykjavík

레이캬비크에서 가장 유명한 레코드점으로, 현지인과 관광객 할 것
없이 사람들이 가장 많이 찾는 가게다. 이름값을 하느라 다른 가게에
비해 다소 비싸다. 가게 안쪽에 음악을 감상하고 각종 기념품들을 만날
수 있는 코너가 있다.

○②
Smekkleysa (Bad Taste Record Store)

위치 Laugavegur 35, 101 Reykjavík

'Bad Taste' 레코드 가게라는 이름이 범상치 않아 점원에게 가게
이름의 유래에 대해 물어보니 사장이 영화 감독 피터 잭슨을 무척이나
좋아한다고. 피터 잭슨의 공포 영화 〈Bad Taste〉에서 영감을 받았다는
이 가게는 의외로 점잖은 분위기다. 다양한 장르의 LP 음반을 많이
갖추고 있는 곳이기도 하다.

○③
Geisladiskabúð Valda

위치 Laugavegur 64, 101 Reykjavík

정돈 안 된 엉망진창인 모습이 이 가게의 콘셉트다. 여기저기 널브러져
있는 CD며 카세트테이프에다 중고 DVD, 슈퍼마리오 같은 PC 게임도
판매 중이다.

○④
Lucky Records

위치 Rauðarárstigur 10, 101 Reykjavik

벼룩시장으로 시작해 현재 아이슬란드에서 가장 큰 레코드점으로
자리잡은 곳이다. 대로변에 위치해 있으며 외벽의 화려한 그래피티
덕분에 찾기가 쉽다. 주인장의 방대한 음악적 관심사를 대변하는 듯
재즈, 팝, 펑크, 록 등 장르 불문하고 4만 여장의 앨범을 팔고 있다.

∞

자연을 닮은 교회,
할그림스키르캬

음반점을 쓱 돌아본 후 그래피티가 있는 골목과 저마다 특색을 지닌 거리 상점들을 기웃거리며 걷다 보니 어느새 레이캬비크의 랜드마크, 할그림스키르캬다.

할그림스키르캬Hallgrímskirkja는 '할그리무르의 교회(Church Of Hallgrímur)'라는 뜻으로, 아이슬란드에서 가장 유명한 종교시인, 할그리무르 퓌튀르손Hallgrímur Pétursson의 이름을 딴 것이다. 참, 아이슬란드의 지명은 그 기원을 따져 반씩이라도 끊어 읽으면 좋은데, '할그림스'는 사람 이름, '키르캬'는 아이슬란드어로 '교회'를 의미하니, '할그림스 교회', '할그림스 키르캬' 정도로 끊으면 기억하기 한결 수월하다.

고딕과 표현주의를 섞어 놓은 듯한 건축 양식에 막 용암이 분출하는 듯한 뾰족한 산 모양, 파이프 오르간이 흐트러짐 없이 양쪽으로 늘어선 것 같은 외벽 디자인 등이 독특한 아름다움을 자아낸다. 특히 교회의 상부는 스카프타펠 국립공원에 있는 스바르티포스의 주상절리를 모티브로 삼았다고. 교회 앞에는 콜럼버스보다 500년 먼저 아메리카 대륙에 도착한 레이프 에릭손의 동상이 있는데, 이는 아이슬란드 의회 1,000주년을 기념하여 미국이 선물한 것이라고 한다. 화산과 폭포 등 자연을 모티브로 하고 있는 게 오직 이 교회만의 특징인 줄 알았는데, 여행길에서 만난 아이슬란드 교회들은 이와 비슷한 모티브의 건축물들이 꽤나 많았다.

교회 안은 정적뿐이다. 일요일도 아니고 평일 대낮이니 관광객 말고는 누가 교회를 찾으랴. 내가 들렀을 때는 교회 건물만 기념품처럼 남아 묵묵히 이 도시를 내려다보는 듯했다. 관리하는 분에게 이것저것 물었더니 주일이면 예배 드리는 사람들로 교회 안이 꽉 찬다고 했다. 하지만 교회 어디를 둘러봐도 예배와 관련된 유인물들이 보이지 않는다. 단지 돈을 내고 올라갈 수 있는 전망대와 안내물, 조명으로 멋을 낸 성수, 관광객들을 위한 기념품 가게, 웅장한 규모의 파이프 오르간, 에메랄드 색의 긴 의자가 전부다. 교회 전체를 아우르는 엄청난 규모의 파이프 오르간이 잠시 넋을 놓게 만든다. 하지만 무언가 휑한 느낌은 어쩔 수 없었다. 저 오르간이 세계에서 가장 좋은 것이라던데 매년 청소하는 비용만도 엄청나고, 청소 외 각종 오르간 관리 비용을 충당하느라 신자들에게 헌금을 독려한다고 한다.

"아이슬란드 교회는 텅 비어 있다. 이제 교회를 다니는 사람도 별로 없고, 특히 젊은 사람들은 교회에 가지 않는다. 교회는 결혼식과 장례식을 위한 장소일 뿐이다. 아이슬란드에는 토착 종교 같은 게 있는데, 사람들은 그런 것에 더 관심이 있다."

아이슬란드에 살고 있는 친구가 해 준 말이었다. 나중에 기회가 되어 일요일에 다시 이곳을 방문했는데, 역시 사람이 많지 않았다.

∞

아이슬란드인
두 친구를 만나다

레이캬비크에 사는 두 명의 친구를 만났다. 오니Lárus Oni Jóhannsson와 토르KristjanTorr다. 내 한국 친구가 외국 유학 중 사귄 아이슬란드인 친구라며 연락처를 줘 현지에서 만난 것이다. 오니가 호텔로 날 만나러 왔고, 토르가 저녁 초대를 했다며 그의 집으로 데려갔다. 토르는 양고기 요리와 맥주로 우리를 맞았다. 낯선 땅에서 처음 받는 환대가 어찌나 고마운지.

털모자가 잘 어울리는 작은 얼굴에 호리호리한 체격을 가진 오니는 외형만으로 전형적인 아이슬란드인이다. 체코에서 영화 공부를 하고 고국에 돌아왔지만, 영화일 가지고는 돈벌이가 안 돼 건축 사무실에서 하루 종일 일한다고 한다. 어딜 가나 젊은 이들은 미래를 위해서든 오늘의 생계를 위해서든 뼈 빠져라 일한다.

토르는 긴 머리를 늘어트린 것 말고는 딱 정우성 느낌이다. 큰 키에 이목구비가 뚜렷해 영화배우를 해도 될 법 싶은데, 실은 영화감독이다. 토르 아버지는 레이캬비크의 유명 건축가로, 시구르 로스의 리더 욘시의 집도 지으셨다 한다. 사실 레이캬비크가 그렇게 크지 않기 때문에, 이곳에 사는 사람들은 한두 사람 건너면 아는 사이라고.

토르의 집 벽면에는 포스트잇이 가득했다. 평소 토르가 시나리오 아이디어를 적은 것들이다. 낙서도 곳곳에 있는데 마치 동굴 벽화 같다. 토르가 흰 접시에 내 온 양고기 요리가 제법 맛있었다. 요즘 아이슬란드 젊은이들이 이렇게 먹는다며 토르가 환타 비슷한 음료 어펠신Appelsin과 맥주 바이킹 클래식Viking Classic을 섞어준다. 일종의 환맥(환타+맥주) 같은 건데 달달하면서 톡 쏘는 맛이 환상적으로 목을 긁어준다. 옆에 놓인 무알코올 맥주 에길스Egils Malt Extrakt는 묽은 몰트 맥주 맛이다. 토르가 한국의 소맥(소주+맥주)도 이런 맛이냐고 물어 깜짝 놀랐다. 사실 오니와 토르는 나를 이들에게 소개한 한국 친구와 프라하 영화학교Prague Film School에서 함께 공부했는데 소맥에 대해서도 그 친구에게서 들었다 한다. 소주 한 병 챙겨 올걸 하며 난데없는 후회를 했다.

오니는 곧 장학금을 얻어 덴마크에 공부하러 또 떠날 거라고 한다. 이들에 따르면 아이슬란드 사람들은 자기들이 외딴 섬에서 산다는 것을 의식해 젊어서부터 해외여행과 유학 등을 통해 견문을 넓히려고 애쓴다 한다.

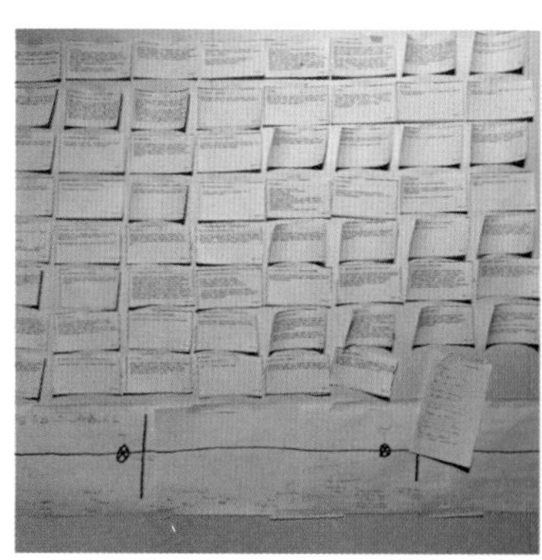

아이슬란드에 처음 발을 디뎠을 때 공항 벽에서 본 바이킹의 속담이 떠올라 오니에게 '바이킹 후예라는 자의식이 있냐'고 물었다. 그는 주저하지 않고 '그렇다'고 했다. 그래서 그도 바이킹처럼 자기 땅을 나서서 새 세계를 향해 뻗어가려고 하는 걸까? 바깥세상에 대한 호기심과 생존을 향한 본능은 그들의 바이킹 선조들이 건너온 대서양을 다시 건너가 살길을 찾도록 인도하고 있는 것 같다. 이 와중에 드는 이들에 대한 무한한 동질감과 친밀감의 정체는 뭘까? 지구 저편에서 이곳을 향해 온 나도 이들과 바이킹의 DNA를 공유하고 있는 걸까?

음반가게 투어와 아이슬란드 친구들과의 시간을 마치고 호텔로 돌아와 하루를 마무리하며 시구르 로스의 앨범 〈Takk〉을 다시 들었다.

∞

예술적 도시,
레이캬비크

레이캬비크는 미술, 건축, 디자인, 패션 등 예술로도 유명하며 도시 규모에 비해 갤러리나 뮤지엄이 많은 편이다. 수많은 작품들을 전시한 아이슬란드 국립 박물관National Museum Of Iceland과 레이캬비크 아트 뮤지엄Reykjavik Art Museum 외에도 시내를 걷다 보면 작은 갤러리들이 심심치 않게 눈에 띈다. 취락 전시관Settlement Exhibition, 생식기 박물관 Phallological Museum 등 희귀 아이템도 있다.

별 생각 없이 레이캬비크 아트 뮤지엄에 들어갔는데, 아마도 하얀색 벽에 쓰인 빨간 글씨에 이끌렸던 것 같다. 간명하고 강렬한 글자체는 탐미의 대상이다. 같은 건물에 세계적인 광고 대행사, TBWA 아이슬란드 지사가 함께 있는데 그 간판은 빨간 바탕에 흰 글씨였다.

철재로 내부를 마감한 이 뮤지엄에는 전시시설, 아카이브, 서점 등이 있다. 내가 방문했을 때는 아이슬란드 현지 작가들의 설치미술, 조각, 그림뿐 아니라 대학생들의 졸업 작품으로 보이는 것들도 함께 전시해놨다. 시내에서 보던 총천연색을 그대로 재현한 듯한 회화 작품, 자연 그대로를 옮긴 조형예술품, UFO를 닮은 각종 설치물들이 보인다. 음악에 비해 미술 쪽은 아는 게 많지 않은 편이지만, 레이캬비크 시내 여행의 감흥을 간직한 채 들러보는 레이캬비크 뮤지엄들은 감흥의 연장 차원에서 충분히 돌아볼 만했다.

해가 지니 어김없이 출출해진다. 일을 마친 오니를 레이캬비크의 명물이라는 핫도그 트럭 앞에서 접선했다. 레이캬비크에 오면 이 트럭 핫도그는 꼭 먹어야 한다는데, 내겐 양파의 식감이나 길다란 소시지가 특이한 것 외에는 그냥 일반 핫도그 같았다. 여기 핫도그가 왜 유명한지 아냐고 물어봤더니 오니도 잘 모른다고. 우리에겐 그저 평범했던 핫도그가 〈꽃보다 청춘〉 네 배우에게는 홀릭의 대상이었으니 시식평에 정답이 어디 있으랴. 그래도 레이캬비크에 들렀다면 이 가성비 좋은 음식을 놓치지 말아야 한다.

허기가 남은 내게 오니가 새로운 제안을 했다. 맛도 기가 막히고 값도 그리 비싸지 않은 아이슬란드 전통 식당이라며 고래 고깃집으로 날 이끌었다. 열댓 명 앉을 수 있는 자그마한 가게인데 어느 곳이든 오래된 집에서 우러나오는 정취가 있게 마련이다. 고래 스테이크와 고래 사시미, 그리고 참새 고기 요리를 시켰다.

오니는 너무 바빠서 점심시간에도 말라 비틀어진 빵 조각을 먹다 말았다면서 자기 몫으로 시킨 참새 고기를 한 입 물고는 맛있다는 말 연발이다. 하루 종일 정신 없이 일만 했는데 마침 나를 만나 기분 전환을 잘 하고 있단다. 인사치레가 아니라 진심인 것 같았다.

음식점 서비스는 역시 좋은 편은 아니었다. 오니는 내 생각을 눈치챘는지, 아이슬란드 식당 서비스는 아마 세계에서 가장 나쁠 것이라고 한다. 아이슬란드 사람들은 누구에게 잘해주어야 한다고 생각하지도 않고 심지어 남에게는 거의 관심이 없단다. 오니는 이야기하기 참 좋아하는 친구다. 덕분에 공항에서부터 막연히 느꼈던 이곳 사람들의 서늘한 태도에 대해 곧 이해하게 되었다. 밥을 먹고 시내를 함께 걷다가 무지개

깃발이 눈에 많이 띄어 동성애 결혼 허용에 대해 물었다. 본인들은 별 거리낌없이 커밍아웃하지만 가족들은 대체로 힘들어한다고 한다.

오니는 할그림스키르캬의 교회 사무실 근처에서 형과 같이 자취하고, 오니의 어머니는 레이캬비크에서 좀 떨어진 곳에서 살고 있다. 어머니네 동네로 출장 가는 날이면 자고 오기도 한단다. 자기 어머니는 손님 초대하는 것을 무척이나 좋아하신다며, 시간이 넉넉했다면 어머니 집에 가 어머니가 만드신 아이슬란드 음식을 대접했을 텐데 아쉽다고도 한다. 오니의 사교성은 식당이나 호텔에서 만난 아이슬란드 사람들과는 아주 딴판이다.

걷다 보니 바람이 세고 매우 쌀쌀하다. 오니도 비가 오는 건 환영인데 바람은 무섭단다. 동네 한 바퀴를 마저 돌고 위인들 동상이 늘어선 공원에도 들렀다.

돌아온 호텔 로비. 오늘 오로라를 볼 수 있을 것이라는 반가운 팁을 전해들었다. 자정 지나 한 시나 되어야 오로라를 볼 수 있다고 하니 하릴없이 시간을 좀 흘려 보냈다. 한 시 무렵, 몰려오는 잠을 가까스로 물리치며 컴컴한 벌판을 한 시간 이상 달렸다. 내비게이션을 보며 대략 이곳이겠거니, 호텔 직원이 알려준 곳에 당도했다. 천지 사방이 트이고 적막하기 그지없어 나는 망망대해에 떠 있는 작은 배였다. 말 한마디라도 크게 던졌다가는 검은 들판이 흔들릴 것 같았다. 캄캄한 천지에 멀리서 희미한 빛줄기라도 나타나면 이것이 그것인가 몸을 일으켰다. 이 긴장감 속에서도 졸립긴 또 얼마나 졸린지.

종말 맞은 허공 속에서 잠과 사투를 벌이며 오로라를 기다렸지만 허탕이었다. 나는 결국 오늘은 아닌가 보다며 패잔병처럼 숙소로 돌아가야 했다. 아쉽다고도 안타깝다고도 생각하지 않았다. 하나쯤은 아쉬운 게 있어야 여행다운 여행이겠지, 이제 시작인 것을. 아니 아무리 초인적으로 버텨도 오지 않을 것은 오지 않는다. 그가 오는 때는 아무도 알 수 없다.

때를 기다리며 다음을 꿈꿨다.

www.bbp.is
Bæjarins beztu pylsur

ALLS
KONAR

○1

National Museum Of Iceland (Þjóðminjasafn Íslands)
아이슬란드 국립박물관

위치 Suðurgata 41, 101 Reykjavík, Iceland
개관시간 평일 및 주말 10:00~17:00 (단, 겨울(9월 15일~4월 30일)에는 매주 월요일 휴관,
여름(5월 1일~9월 15일)에는 매주 수 · 토 · 일요일 오전 11시부터 영어가이드 투어서비스
이용 가능)

'지오민야시펠 이슬란즈'라고 통칭되는 아이슬란드 국립박물관은 아이슬란드
대학교(University of Iceland) 바로 옆에 있다. 예술품과 공예품, 도구와
가구, 종교 유물과 고고학 유물을 두루 전시하고 있으며, 20세기 중반까지의
전시품을 모아 대개 연대순으로 정리해 놓았다.

○2

Reykjavik Art Museum (Hafnarhús / Harbor house)
레이캬비크 아트 뮤지엄

위치 Tyggvagata 17, 101 Reykjavík, Iceland
개관시간 평일 및 주말 10:00 17:00 (단, 수요일은 10:00 · 20:00)

총 4층으로 이루어진 아트 뮤지엄으로 아이슬란드의 건축, 설치미술, 회화,
조형물 등 다양한 예술품들을 전시하고 있다. 전문 작가들의 기획전뿐 아니라
대학교의 졸업 전시회 장소로도 사용한다.

○3

Phallological Museum (Hið Íslenzka Reðasafn)
생식기 박물관

위치 Laugavegur 116, 105 Reykjavík, Iceland
개관시간 평일 및 주말 11:00~18:00

세계 최대 규모의 생식기 전시관이다. 동물 90여 종의 생식기 280여 점을
전시하고 있으며, 이 중에는 아이슬란드 엘프 요정의 것도 있다.
2011년에 최초로 인간 검체의 생식기가 이 박물관에 기증되었으며 아이슬란드
국가대표 핸드볼팀의 생식기 정립상을 본뜬 공예 작품 15점을 전시하고 있다.
이들 조각은 2008년 베이징 올림픽 은메달 획득을 기념하여 은으로 제작했다.

○4

Vikin Martime Museum
비킨 해양 박물관

위치 Grandagarður 8, 101 Reykjavík, Iceland
개관시간 평일 및 주말 10:00~17:00 (단, 겨울철(9월 16일~ 5월 31일)에는 매주
화요일~일요일 11:00~17:00)

노 젓는 배부터 최신 트롤선에 이르기까지 선박의 발전사와 전 시대에 걸친
무역선 및 무역 항로의 역사를 전시하고 있다. 또한 바이킹의 후예인 이들이
어떻게 레이캬비크 항구를 일구고 가꾸어왔는지도 살펴볼 수 있다.

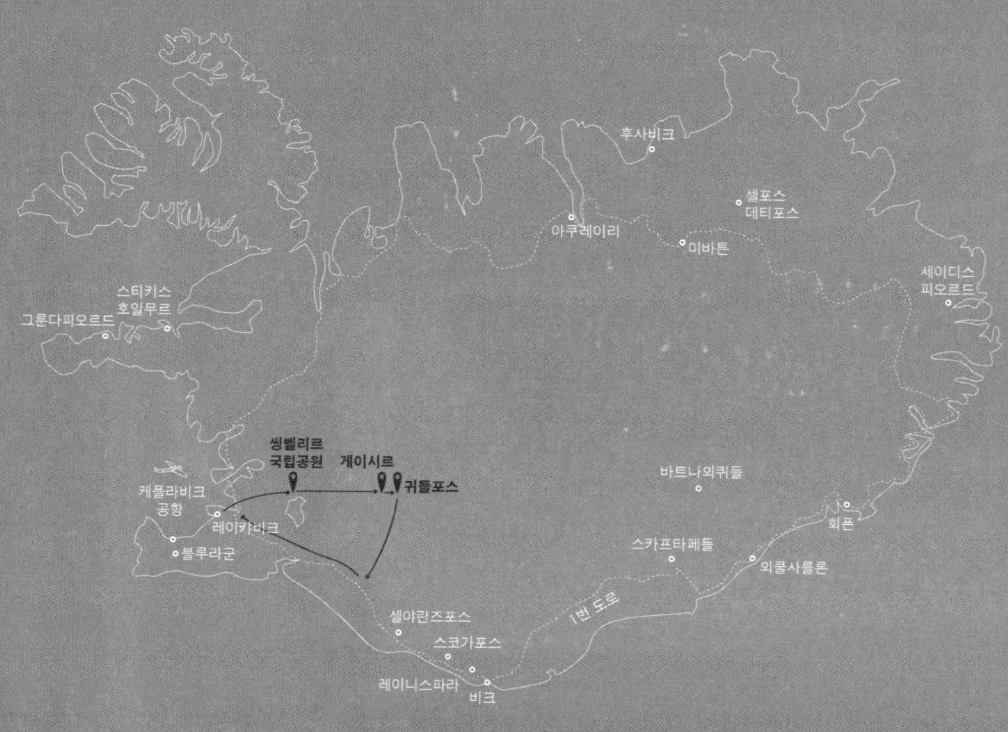

후사비크
셀포스
데티포스
아쿠레이리
미바튼
세이디스
피오르드
스티키스
호일무르
그룬다피오르드
씽벨리르
국립공원
게이시르
귀들포스
바트나외퀴들
케플라비크
공항
레이캬비크
회픈
블루라군
스카프타페들
외쿨사를론
1번 도로
셀야란즈포스
스코가포스
레이니스파라
비크

3

아름다운 경계, 골든 서클

씽벨리르 국립공원 | 게이시르 | 귀들포스
GOLDEN CIRCLE

까마득한 날에

하늘이 처음 열리고

어디 닭 우는 소리 들렸으랴

모든 산맥들이

바다를 연모해 휘달릴 때에도

차마 이곳을 범하던 못하였으리라

끊임없는 광음을

부지런한 계절이 피어선 지고

큰 강물이 비로소 길을 열었다

이육사, '광야'에서

오브 몬스터즈 앤 멘 Of Monsters And Men 〈**My Head Is An Animal**〉

남성과 여성 보컬의 하모니가 아이슬란드의 광활한 들판을 생각나게 하는 밴드, 오브 몬스터즈 앤 멘Of Monsters And Men(이하 OMAM)의 데뷔 앨범이다. 시구르 로스 다음으로 최근 몇 년간 전 세계적인 주목을 받은 아이슬란드 밴드인데, 이 유명세에 영화 〈월터 미티〉가 한몫했다.

끝없는 아이슬란드 대지를 달리며 듣기 좋은 'Little Talks', 물안개 피어 오르듯 찬란한 사운드가 인상적인 'Slow And Steady', 영화 〈월터 미티〉에 삽입되었던 'Dirty Paw', 그리고 극적인 노래 구성이 아이슬란드 자연과 딱 맞아떨어지는 'King And Lionheart' 등이 수록되어 있다.

∞

아이슬란드의 심장,
씽벨리르 국립공원

골든 서클. 유네스코 세계유산으로 등재된 씽벨리르 국립공원Þingvellir National Park, 몇 분마다 한 번씩 하늘을 향해 온천수를 뿜어 내는 간헐천 지역 게이시르Geysir, 그리고 황금폭포를 뜻하는 귀들포스Gullfoss까지 아이슬란드의 하이라이트를 짧고 굵게 맛볼 수 있는 원 모양의 코스를 말한다. 아이슬란드 외곽을 둘러싼 1번 도로 여행 코스를 '링로드'라고 하는 걸로 봐서, '서클'이나 '링'이나 그저 그 지역을 에둘러 쉽게 붙인 이름 같다는 생각이 든다. 그래도 '황금의'란 화려한 수식어를 갖다 댄 이유가 있겠지.

골든 서클을 향해 달리고 있다. 이제 곧 지구과학자 알프레드 베게너Alfred Wegener의 대륙이동설이 내 눈앞에서, 내 발아래에서 증명된다고 생각하니 역사적 발굴 현장의 지질학자라도 된 듯 비장감마저 든다. 레이캬비크에서 북동쪽으로 36번 도로를 따라 20여 분 정도 달리니, 텅 비고 아득히 넓은 들판이 펼쳐진다.

눈 덮인 산 혹은 얼음 산을 마주하고, 맑은 하늘 아래 바람 부는 적막 평원을 달리니 천지가 내 것이다. 왠지 모를 안도감과 비현실적인 평온함에 이렇게 삶을 깡그리 잊어도 되나 하는 생각까지 들고난다. 아직 아이슬란드 여행은 시작도 안 한 것 같건만.

저편에서 달려오는 차를 보면 '오, 차다!' 하고(나도 차를 타고 달리고 있으면서도) 탄성을 지를 정도로 인기척 없는 길에 갑자기 열 명 남짓 자전거 트래킹 행렬이 나타난다. 이런 데서 자전거 타는 사람들도 다 있네? 하긴 자전거 트레킹하기에 이 도로보다 좋은 곳은 없을 것 같은데, 적막감에 이미 압도당한 상황인지라 자연스러운 사람의 등장이 오히려 낯설었던 것 같다.

Golden Circle

너른 들판에 잠시 차를 세웠다. 들판에 각양각색의 돌무덤이 있다. 어느 시인은 바퀴를 보면 굴리고 싶다고 했는데, 사람들은 어디서든 돌을 보면 쌓고 싶은 충동을 느끼나 보다. 우리나라에서도 산을 오르내리다 보면 곳곳에 돌무덤이 있는 것처럼 황야나 다름없는 이 너른 땅을 밟고 다녀간 이들도 일없이 흩어진 돌들을 주위 곳곳에 사람 모양, 탑 모양 등 갖가지 형상을 만들어 놓았다. 쪼그리고 앉아 중얼중얼 소원을 외며 몇 개 쌓아놓고는 다음 여정에도 마주할 수 있길 기대했다. 알아볼 리 만무하고 그대로 남아 있을지 모를 일이지만.

조금 더 달리니 주차장이 보인다. 투어 버스와 자동차들도 꽤 있다. 씽벨리르 국립 공원을 한눈에 볼 수 있는 뷰포인트다. 저 멀리 울퉁불퉁한 돌의 성벽이 하늘로 치솟아 있다. 네 놈이구나!

유라시아판과 북아메리카판이 충돌해 만든 계곡이자 서로 다른 지형이 만난 곳. 지금도 유라시아판과 북아메리카판은 매년 2~3cm씩 벌어지고 움직인다고 한다. 내가 밟고 선 이 대륙이 아주아주 서서히 움직인다고 생각하니, 거대한 배에 탄 바이킹처럼 발걸음에 힘이 실린다. 양쪽으로 융기한 땅 사이를 옥사라 강이 흐르는데, 마법사가 요술 지팡이로 훑고 갔는지 강물은 빛에 따라 색깔을 바꾸며 신비로운 이야기를 피어내는 듯 하다.

목재로 정돈된 길을 따라가면 곧 넓은 터와 만난다. 이곳이 바로 세계 민주주의의 모태이기도 한 아이슬란드의 의회, 알싱Althing이 열렸던 곳이다. 930년 씽벨리르 들판에 있는 마법의 돌에서 바이킹들은 야외 의회 알싱를 구상했고 국가를 수립했다. 1798년까지 이늘은 매년 이곳에서 의회를 열고 중대한 의사 결정을 했는데, 지금도 대대적으로 축하할 만한 국가 행사는 이곳에서 펼친다.

공원 곳곳에는 대지가 격렬하게 키스하고, 포옹하고, 충돌한 흔적들이 역력하다. 성벽처럼 높이 솟은 산 때문에 땅과 호수는 더없이 아늑하고 평온해 보인다. 이곳에 일어난 수많은 사건을 무엇보다 이 산천은 다 기억하고 있을 것 같았다.

1930년에 국립공원으로 지정되었고, 2004년 유네스코 세계유산으로 등재된 씽벨리르 국립공원. 저 넓은 들판을 가로지르는 바람이 나에게 달려들 때, OMAM의 노래 'Human'을 들었다.

"Breath in, Breath Out."

숨을 들이쉬고 내쉬며 삶의 무거운 짐도 이 벌판에 내려 놓았다.

눈 덮인 산 혹은 얼음 산을 마주하고,
맑은 하늘 아래 바람 부는 적막 평원을
달리니 천지가 내 것이다. 왠지 모를
안도감과 비현실적인 평온함에 이렇게
삶을 깡그리 잊어도 되나 하는 생각까지
들고난다. 아직 아이슬란드 여행은
시작도 안 한 것 같건만.

솟아 오르는 지하수,
게이시르

36번 도로를 따라 얼마나 더 달렸을까. 스트로퀴르Strokkur라는 간헐천으로 유명한 게이시르Geysir에 다다랐다. 게이시르는 영어로 간헐천을 뜻하는 가이저Geyser의 어원이라고 한다. 콜라는 코카콜라Coca-Cola, 연고는 바셀린Vaseline인 것처럼, 간헐천의 대표선수는 게이시르인 셈이다.

누런 바닥 곳곳에서 연기가 올라오고 수십 개의 웅덩이에서 물이 부글부글 소리를 내며 끓고 있다. 솟구치는 물을 보기 위해 모여든 사람들은 4~7분마다 터져 올라오는 물기둥의 기습에 예상치 못했다는 듯 환성을 지르고 이내 물러선다.

"와!, 어썸Awesome!, 켐페브라Kjempebra!, 스바라시이素晴らしい!, 쏴이帥…."

나도 사진 찍기 좋은 위치를 찾아 서 있다가 똑같이 뒷걸음을 쳐야 했다. 바람에 날린 물방울이 얼굴에 달라붙는데 분명 80~100℃라고 했거늘 라면물처럼 뜨겁지 않은 게 이상하다. 솟아오르고 흩어지면서 쉬이 식는 것인지, 워낙 작은 물방울이라 그다지 뜨겁게 느껴지지 않는 건지, 아이슬란드의 찬바람이 금세 식혀준 건지 그건 모르겠다. 어린 시절, 시장 골목의 뻥튀기 트럭에서 '뻥이요~' 외침과 함께 이어지는 굉음을 기다렸던 것처럼, 몇 번이고 그 물기둥을 기다렸다 또 보고 사진 찍고는 또 보고 했는지 모른다. 폭발하듯 튀어 오르는 물줄기가 엄청난 쾌감을 준다.

게이시르 관광센터에 들르니 아이슬란드의 신선한 산 공기Fresh Icelandic Mountain Air를 담은 깡통이 쌓여 있었다. '아! 공기였지. 공기도 관광 상품이라니! 볼 수도 느낄 수도 없는 공기, 그 청정함을 파시겠다?' 사람의 폐에 도달하지도 못하는 이 공기의 가격이 무려 1,000ISK, 한국돈으로 약 9,900원인 셈이다.

깡통 하나 집어 드니 허전하고 허탈하다. 그것이 공기 상품이라는 것을 바로 그 순간 깜박했나 보다. 그런데 빈 깡통은 빈 깡통이다. 그 앞을 지나는 관광객들은 신기한 듯 사진도 찍고, 자신의 SNS에 올리기 바쁘다. 쓰고, 찍고, 터치하고, 누르고, 계산하고, 검색하고, 업로드하고, 다운로드하고… 현대인들은 어디서나 쉴 새가 없다. 빈 깡통 앞에서 문득 OMAM의 'Slow and Steady'가 듣고 싶어졌다.

LITLI - GEYSIR

100 °C
HÆTTA
DANGER   ACHTUNG
FARE   PERICOLO

80–100°C

Fresh Icelandic
Mountain Air
Fresh Icelandic
Mountain Air
Fresh Icelandic
Mountain Air
Fresh Icelandic
Mountain Air
Fresh Icelandic
Mountain Air
Fresh Icelandic
Mountain Air

∞

귀들포스,
황금폭포에 물들다

게이시르를 떠나 흐비타 강Hvítá River 협곡에 있는 폭포 귀들포스Gullfoss로 향한다. 대개 '굴포스'로 읽고 나 역시 그랬는데, 현지 친구들 얘기로는 귀들포스가 맞단다. 아이슬란드어에서 단어에 알파벳 'LL'이 연달아 쓰이면, '들~틀' 사이로 발음해야 한다. 매번 상상하기 힘든 발음과 낯선 표기에 당황스럽지만, 그래도 새로운 지명이 나올 때마다 큰 맘먹고 옳은 발음을 시도해 보는 것도 나름 용기다. 마구 끼워 맞춘 발음이 맞으면 기쁘지만, 틀린다고 해도 크게 개의치 않는 게 속 편하다.

귀들포스는 한마디로 황금(Gul) 폭포(Foss)다. 드넓은 흐비타 강이 남쪽으로 흐르다가 갑자기 꺾여 침식과 낙차를 만들던 것이 우리가 보는 폭포를 이루었다고. 햇빛을 받아 찬란하게 빛나며 넓은 고원으로 흘러 넘치다가 깊은 계곡으로 쏜살같이 떨어지는데 그때 일어나는 물안개가 장관이다. 다양한 지형 때문에 낮거나 깊게 떨어지는 오묘한 물줄기를 보고 있으면 시간 흐르는 줄 모를 정도. 맑은 날에는 금상첨화로 물안개 입자들이 햇살을 받아 무지개를 연출한다. 골든 서클의 절정이 바로 이 순간이다. 아마 '골든' 서클의 이름은 황금폭포인 이 귀들포스 때문에 붙여진 별칭이 아닌가 싶다.

레이캬비크를 떠나 아이슬란드의 하루짜리 대표 여행코스인 골든 서클, 씽벨리르 국립공원 , 게이시르, 귀들포스까지 거치니 아이슬란드 여행의 워밍업은 한 셈이다.

아이슬란드에서 더 큰 서클을 그리려 1번 도로로 향한다. OMAM의 'Mountain Sound'는 골든 서클의 드라마틱한 순간을 되새겨 주는 노래였다.

맑은 날에는 금상첨화로 물안개 입자들이 햇살을 받아 무지개를 연출한다.
골든 서클의 절정이 바로 이 순간이다. 아마 '골든' 서클의 이름은 황금폭포인
이 귀들포스 때문에 붙여진 별칭이 아닌가 싶다.

**골든 서클
투어하는 방법**

골든 서클 투어는 거의 1년 내내 가능하다. 렌터카로 자유롭게
다니는 것, 현지 여행사를 통해 버스를 타고 그룹지어 여행하는
것, 둘 다 괜찮다. 1일 코스라서 아침 일찍부터 서두른다면
대자연을 여유롭게 만끽할 수 있다.
현지에서는 블루 라군을 포함한 패키지 상품이 인기며, 날씨가
좋을 때는 말, 자전거 등을 이용하여 골든 서클을 즐기는
사람늘노 꽤 된다. 이이슬란드는 바람이 세게 불거나, 날씨가
궂어 바깥에서 활동하기 어려울 때가 있으니, 전날 아이슬란드
기상청에 날씨를 확인하는 것이 좋다.

투어 가능 기간 1년 내내
투어 소요시간 약 10시간 이내
투어 방법 렌터카, 현지 버스 투어
현지 버스 투어 예약 https://guidetoiceland.is/ko (투어 예약은 '골든서클
하루 투어')
공식 홈페이지 씽벨리르 국립공원(www. thingvellir.is),
게이시르(www.geysircenter.com), 귀들포스(http://gullfoss.is/)

후사비크
셀포스
데티포스
아쿠레이리
미바튼
세이디스
피오르드
스티키스
호일무르
그룬다피오르드
씽벨리르
국립공원
게이시르
귀들포스
바트나외퀴들
케플라비크
공항
레이캬비크
회픈
블루라군
스카프타페들
외쿨사를론
셀야란즈포스
스코가포스
1번 도로
레이니스파라
비크

4

검은 해변,

화산이 만든 明과 暗

셀야란즈포스 & 스코가포스 | 레이니스파라 & 비크
SELJALANDSFOSS & SKOGAFOSS · REYNISFJARA & VIK

잃어버린 영혼은 어떤 열등한 존재나

동물, 식물 또는 무생물 속에 갇혀 있어,

우리가 우연히 나무 곁을 지나거나,

그 영혼의 감옥인 물건을 손에 넣는 날까지

우리에게 잃어버린 존재로 있다.

물론 많은 사람에게 일어나는 일은 아니지만-

그러다 그 날이 오면 영혼은 전율하고 우리를 부르며,

그것을 알아보는 순간 마법이 풀린다고 한다.

덕분에 해방된 영혼은 죽음을 정복하고,

우리와 더불어 살기 위해 돌아온다.

마르셀 프루스트Marcel Proust, 〈잃어버린 시간을 찾아서〉에서

마르셀 프루스트, 〈잃어버린 시간을 찾아서〉, 김창석 옮김, 국일미디어, 1998

웜 이즈 그린 Worm Is Green 〈Glow〉

웜 이즈 그린은 레이캬비크의 음반점 '12 Tónar'의 스태프가 적극 추천해 준 밴드다. 아이슬란드 서부 연안 아크라네스 출신의 혼성 4인조 그룹인데, 앰비언트 트립합이나 포스트 록 계열의 음악을 한다. 단출한 전자음과 비트에 남녀 보컬을 얹은 이들의 음악은 겹겹이 쌓인 지층 같다.

몽환적이고 어두운 사운드는 화산 폭발 후 세상에 남겨진 것들, 이를테면 폭포나 모래사장을 연상시킨다. 앨범 〈Glow(2009)〉의 수록 곡 'The Politician', 'March On', 'The Darkness', 'Around The Fire'는 아이슬란드 남부에서 내가 만난 자연과 통한다.

아이슬란드의 숨겨진 보물이라는 찬사를 받았던 밴드답게 이들은 인디펜던트 뮤직 어워즈(Independent Music Awards)의 댄스/일렉트로니카 부문에서 앨범 〈To Them We Are Only Shadows(2014)〉로 최우수 앨범상을 거머쥐기도 했다.

∞

그윽함과 웅장함 그 경계 어딘가,
셀야란즈포스 & 스코가포스

아이슬란드 남부 여행은 수도 레이캬비크부터 회픈Höfn까지 약 450km 정도에 걸친 링 로드를 따라간다. 개성에서 부산 정도 되는 거리인데, 하루에 몰아칠 수도 있지만 2~3일 정도 시간을 두고 천천히 둘러보는 게 좋다. 해안과 나란히 놓인 1번 도로를 달리다 보면, 화산, 빙하, 폭포, 주상절리 등에 얽힌 신비로운 이야기를 듣게 된다. 거기엔 북유럽 신화와 설화에 등장하는 상상 속 괴물 트롤이나 들판에 사는 요정들의 이야기부터 전 세계를 휘젓고 다닌 바이킹의 무용담까지 끊임없다.

'에이야퍄들라외퀴들 Eyjafjallajökull'

우리 말로 써봐도 쉬이 읽히지 않는, 아니 어떻게 끊어 읽어야 하나 싶은 이 단어는 2010년 3~4월에 폭발해 전 유럽을 심각한 항공 대란으로 몰고 간 빙하 화산의 이름이다. '에이야프얄라요쿨'로 읽기도 하는데 여전히 쉽지 않다. 파헤쳐보면 '섬'이란 뜻의 에이야eyja, 작은 산 또는 언덕을 의미하는 퍄틀라fjalla, 빙하라는 뜻의 외(이외)퀴

틀jökull이 합쳐진 말이다. 에이야퍄들라외퀴들은 빙하의 빙모(산 정상이나 고원을 덮은 돔 모양의 영구 빙설)가 약 1,666m 높이의 화산을 덮고 있는 곳이다. 아이슬란드 남부 지방에서 만나는 미르달스외퀴들Mýrdalsjökull, 바트나외퀴들Vatnajökull 모두 같은 형태다.

상극(相剋)인 얼음과 불덩이가 붙어 있으니 구릉과 산지 이곳저곳에서 엄청난 양의 물이 만들어진다. 이 물이 폭포가 되고 강과 호수를 이룬다. 에이야퍄들라외퀴들이 만든 두 폭포, 셀야란즈포스와 스코가포스가 그중 손꼽히는 것들이다. 귀들포스(흔히 굴포스라 부르는)에서 이미 봤듯이, '포스'가 붙으면 폭포이겠거니 가늠하면 된다.

셀야란즈포스Seljalandsfoss도 짧지만 발음 강적이다. 비록 혀는 꼬일지언정 폭포의 자태는 낭만 그 자체다. 바람에 따라 시시각각 모양을 바꾸는 폭포수는 고원 위를 달음질치기도 하고 허공을 향해 솟구치기도 한다. 천지사방에 퍼지는 물방울들은 인상주의 화가의 붓질 같다. 골든 서클에서 본 귀들포스의 웅장함과는 전혀 다른 마력이

Seljalandsfoss & Skogafoss | Reynisfjara & vik

다. 아이슬란드 밴드 웜 이즈 그린Worm Is Green의 'March On!'은 흩날리는 물 알갱이들을 음표로 쓴 것 같다.

조금 더 달리니 이번엔 스코가포스Skogafoss가 그 위용을 드러낸다. 수직 하강하는 폭포수는 그대로 지면에 꽂혀 사방에 퍼지는데, 떨어지고 흘려 보내는 위세가 말러의 교향곡 2번 '부활' 수준이다.

스코가포스는 그 웅장함에 걸맞게 바이킹이 폭포 뒤에 보물을 숨겨놨다는 전설을 품고 있다. 이에 호기심이 발동한 사람들이 폭포 앞으로 걸어간다. 그러면 스코가포스는 여지없이 거센 물세례로 회답한다. '그대로 놔두거라' 냅다 소리치는 듯. 그러고는 무지개를 긋는다.

"네 눈앞에 보이는 게 보석이고 보물이다."

산을 덮은 눈과 얼음이 녹으면 지형에 따라 약하게도 세차게도 흐르고, 결국 벼랑을 만나면 제각각 온 힘을 다해 떨어진다. 웅장함과 그윽함의 경계 어딘가에 매료된 사람들은 나 말고도 또 있었다.

팝스타 저스틴 비버Justin Beiber는 자신의 곡 'I Will Show You'의 뮤직비디오를 이 두 폭포에서 찍었다. 인기리에 방영된 〈꽃보다 청춘-아이슬란드〉편의 정상훈, 조정석, 정우, 강하늘 등 포스톤즈 멤버들도 이곳 어딘가에 철없는 이야기들을 뿌리고 갔다.

8

레이니스파라와 비크의
검은 해변

스코가포스의 굉음을 벗어나 몇 분을 더 달리니 새카만 해안가가 펼쳐졌다. 아이슬란드 화산은 대체로 빙하가 덮고 있다. 빙하가 녹아 화구 속으로 흘러 들어가면 화산이 폭발할 때 용암재 대신 화산재를 뿜어내는데, 이 화산재가 온 나라를 시커멓게 뒤덮고 이웃 나라까지 날아가기도 한다. 이때 화산 폭발과 엄청난 열기가 빙하를 녹여 홍수를 동반하는데, 이 홍수는 검은 화산재를 휩쓸고 내려와 검은 강과 검은 해변을 만든다.

바로 이 검은 해변을 따라 아이슬란드 최남단 도시 비크Vik와 주상절리 레이니스파라Reynisfjara가 자리한다. 레이니스파라 주상절리는 화산이 터져 현무암 용암이 급격하게 식을 때 수축하면서 만들어진 절경이다. 오각형 또는 육각형으로 쭉쭉 솟은 수직 기둥이 바다를 마주 보며 파이프 오르간처럼 펼쳐져 있다. 그나저나 천지에 하얀 눈만 보다 갈 줄 알았는데, 사방이 검은 곳에 서 있으니 호젓한 기분이 들다가 음울해지기도 한다. 이 기분에 흠뻑 젖는 것도 괜찮은 일인 것 같다.

바다에는 두 트롤이 배를 이끌고 정박을 시도하다가 햇빛에 노출되어 돌이 되었다는 전설이 흐른다. 파도를 뚫고 뾰족 솟은 현무암 덩어리, 레이니스드랑가Reynisdrangar는 해안과 닿을 듯 말 듯 한 곳에 서서 육지를 갈구한다.

'비크'의 본래 뜻은 항만이다. 아이슬란드에는 레이캬비크, 케플라비크, 후사비크 등 비크로 끝나는 지명이 많은데, 그 이름만으로도 해안가에 위치한 마을임을 알 수 있다. 비크는 남부에서 가장 큰 해안 마을의 이름이기도 하다. 마을에 들어서면 가장 먼저 하얀 벽에 붉은 지붕을 이고 서 있는 언덕 위 조촐한 교회당이 눈에 들어온다. 한

국 교회와는 달리 건물 외벽 어디에도 ○○교회라는 표시가 없고 문조차 잠겨 있다. 창을 통해 들여다보니 종교 관련 집기나 장식이 보이지 않고 그저 휑하다. 주변 경관과 어우러진 십자가가 있고 고딕풍의 소박한 건물로 보아 교회임에 틀림없는데, 정작 이곳이 종교적 처소라는 걸 전해주는 물건은 하나도 없다.

지나가는 이들에게 선한 것에 대한 향수와 성스러움마저 느끼게 해주는 아름다운 교회. 실은 그냥 빈집이었다. 여행자에겐 비크의 랜드마크임에 틀림없는 이 집을 비크 사람들은 어떤 용도로 사용하고 있는지 모르겠다. 그냥 두어 변치 않는 그 자체를 누리는 건가 싶기도. 언덕 밑에서 바라본 교회에 이어, 언덕 위에서 내려다보이는 마을과 바다를 감상한다. 레이니스드랑가는 그저 한 폭의 그림이라고밖에 달리 표현할 길이 없다. 마을을 속속들이 살펴보니 은행도 있고, 슈퍼마켓도 있고, 레스토랑도 있다. 으레 있을 것이 있는데도 괜히 반갑다. 사실 남부 해안에서도 중간에 위치한 비크는 서부와 동부를 잇는 거점 도시이기도 하다.

©Iurie Belegurschi

해변으로 가니 다시 검은 모래다. 레이니스파라에서 봤던 레이니스드랑가가 지척에 서 있다. 흑사장에 자잘하고 둥근 것들이 흩어져 투명한 보석처럼 빛나는데 다가가자세히 보면 대부분 검은 자갈과 현무암 조각들이다. 멀리서 볼 땐 빛나던 것들이 다가서니 다만 반들거린다. 멀리서는 반사한 빛이 쨍하다가 가까이서는 자제하고 다듬은 듯 반투명한 빛이 돌멩이 안에 가라앉아 있다. 콩알만 하거나 쌀알만 한 돌들이 모래사장 위에 내려앉은 모양을 살피니 크고 작은 돌멩이들은 제각각 제 무게만큼 가라앉았고, 제 크기만큼 그림자를 만든다.

같은 해안에 펼쳐진 검은 모래벌판이지만 레이니스파라와 비크는 느낌이 좀 다르다. 주상절리 덕분인지 모르겠지만, 레이니스파라의 검은 해변이 전설 속 세계 같다면 비크는 마을을 끼고 있어서 아늑한 안식처 느낌이다. 비크와 레이니스파라 두 방향에서 검은 모래사장을 모두 느껴보는 게 좋다.

지도상 앞으로 한참을 달려야 비크같은 마을을 만날 섯 같다. 미 울을 떠나기 전, 'Kjarvalvik' 슈퍼마켓에 들러 비상식량으로 과채주스와 물, 빵 등을 샀다. 'Filoriadaria Goji' 주스 330ml짜리 219ISK(크로나), 빵 한 봉지 320ISK(크로나)… 몇 가지 담지 않은 것 같은데, 2,880ISK(크로나)다. 한국 돈으로 약 21,000원 정도. 두 사람 기준으로 하루 식비 10만 원 정도가 드는 셈이다. 서서 먹으면 2만 원, 앉아 먹으면 3만 원, 포크 잡으면 5만 원… 북유럽의 살인적인 물가에 대해 여행자들끼리 농담하던 생각이 난다.

〈꽃보다 청춘-아이슬란드〉편의 포스톤즈 멤버들은 비크에서의 추억이 많다. 옆 차가 튀긴 자갈 때문에 멤버들이 탄 차에 유리창이 깨져 보험 처리를 받고 다른 차로 갈아탄 곳이 바로 비크다. 그리고 이곳에 머물던 중 오로라를 만났다. 운이 엄청 좋았던 경우다. 나는 이곳에서 오로라를 마주하지 못 했다. 조금 더 때를 기다렸다.

같은 해안에 펼쳐진 검은 모래벌판이지만 레이니스파라와
비크는 느낌이 좀 다르다. 주상절리 덕분인지 모르겠지만,
레이니스파라의 검은 해변이 전설 속 세계 같다면 비크는 마을을
끼고 있어서 아늑한 안식처 느낌이다.

후사비크
셀포스
데티포스
아쿠레이리
미바튼
세이디스
피오르드
스티키스
호일무르
그룬다피오르드
씽벨리르
국립공원
게이시르
귀들포스
바트나외퀴들
케플라비크
공항
레이캬비크
회픈
블루라군
스카프타페들
외쿨사를론
셀야란즈포스
1번 도로
스코가포스
레이니스파라
비크

5

마법의 링,
1번 도로

링 로드
RING ROAD

무엇을 해야 하나 어디로 가야하는 걸까

알 수는 없었지만 그것이 나의 첫 깨어남이었지

난 후회하지 않아 아쉬움은 남겠지만

아주 먼 훗날까지도

난 변하지 않아 나의 길을 가려하던

처음 그 순간처럼

신해철, '길 위에서'에서

팻 매스니|Pat Metheny 〈Secret Story〉

재즈 기타리스트 팻 매스니의 음악에는 재즈, 클래식, 팝, 민속음악 등 여러 장르가 자유자재로 혼재한다. 그의 앨범 〈Secret Story(1992)〉도 이런 특성을 잘 보여준다. 앨범에 수록된 곡 'Above the Treetops', 'Facing West', 'Finding and Believing', 'Sunlight', 'Rain River' 등은 풍부한 초자연적 사운드로 여러 문화와 시간을 섞고 통합하는 소리의 풍광을 펼친다. 카오스와 코스모스 현상계를 좌지우지하는 뮤지션의 카리스마가 앨범에서 그대로 느껴진다.

쭉 뻗은 아이슬란드의 1번 도로를 달릴 때의 분위기에 앨범 〈Secret Story〉처럼 딱 들어맞는 음악이 있을까? 바이킹이 숨겨둔 보물, 돌 구석구석에 숨겨진 엘프 요정들이 펼치는 마법, 고요한 백야에 나타나 마을을 배회하는 트롤 등 여행 중에 만나는 갖가지 이야기들과 함께 듣는 앨범 〈Secret Story〉는 우리를 환상과 신비의 세계로 완벽하게 불러들인다.

끝없이 이어지는 길 위에 퍼져나가는 기타 신시사이저, 시시각각 변하는 풍광에 곁들여진 리듬 악기의 향연, 바이킹의 혼을 되살려내는 듯한 하모니카 소리에 자신을 온전히 내맡겨보라.

∞

아이슬란드를
펼쳐놓은 무대

1번 도로Route 1는 아이슬란드 섬 바깥쪽을 둥글게 둘러싼 도로로, 렌터카를 이용하는 여행자들이 반드시 지나게 되는 길이다. 정식 명칭은 '쇼스베구르Þjóðvegur 1', 즉 '고속 도로 1'인데, 보통 1번 국도나 링 로드Ring Road 등으로 불린다. 아이슬란드 사람들이 흔히 닉네임을 가진 것처럼 도로도 닉네임이 있는 것이다.

링 로드는 도로 전체가 큰 반시 혹은 원 모양으로 생거 붙여진 닉네임인데, 휘몰아 치는 광풍과 한 치 앞도 보이지 않는 만년설을 헤치며 몇 차례 아슬아슬한 고비를 넘 겨야 했던 첫 번째 여행 때의 이 길은 격투기 선수들이 격렬하게 몸을 뒹구는 '링'과 다름 없었다. 아이슬란드 지도를 펼쳐보니, 빙하, 화산, 절벽 등 인간이 쉽게 다가갈 수 없는 아이슬란드의 대자연 위에 원형의 무대를 살포시 얹혀 놓은 것 같기도 하다. 경 험해본 바, 링 로드는 참 잘 지어진 별칭이다. 링 로드를 도는 여행자들은 그로테스크 하기도, 신비하기도 한 자연의 무대에서 저마다의 무용담과 신화를 만들어 간다.

링 로드의 총 거리는 1,332km. 서울에서 부산까지 거리의 세 배 정도다. 2차선에 서 1차선을 오가며 점점 긴장감을 조여오는 도로, 불쑥불쑥 시야를 치고 들어오는 바 위산, 만년설과 구름의 경계가 없는 하늘, 지열을 견디지 못하고 둥둥 떠올라 바다로 흘러가는 빙하들, 들쭉날쭉 펼쳐진 해안선, 뱀이 기어가듯 오름과 내림을 반복하는 수 많은 구릉들, 뽀글뽀글 끓어오르는 마그마 지대… 이 모든 것들이 링 로드 위에 펼쳐 진다. 골든 서클을 아이슬란드의 축소판이라고 한다면, 링 로드는 지구 전체의 축소판 이라고 하는 게 맞을지 모르겠다.

짧게는 닷새 만에도 링 로드를 다 돌 수 있다고 하지만, 이는 외계같이 낯선 자연과 그림 같은 마을들에서 너무 서둘러 발길을 옮긴 경우다. 유명 관광지를 들르든, 나만의 관광지에서 멈추든, 조금 더 여유롭게, 열흘 이상은 누려야 링 로드의 진가를 알 수 있다. 천천히 링 로드를 달리다 보면 렌터카 족, 바이크 족, 히치 하이킹 족 등 여러 부족이 이곳을 지난다. 또 어떤 구간은 차도 없고 사람도 드물어 길가에 놓인 노란색 이정표조차 반갑다. 아이슬란드 남·북부의 거점 도시나 마을, 하이랜드, 웨스트 피오르드 등을 가는 길을 빼고는 대체로 도로 사정이 좋다.

길 안내 의무를 지닌 내비게이션이 침묵 일색이다. 그나마 안내 멘트 대부분은 출발 및 도착 알림과 계속 직진하라는 명령뿐. 간혹 좌회전이나 우회전을 지시할 때면 흠칫 놀라기도 한다. 아마도 세상의 모든 내비게이션을 통틀어 아이슬란드 것이 가장 한가한 녀석일 것이다.

상상도 못했던 대자연의 파노라마에 압도돼 차를 세우고 멍 때리다 보면 시간이 흐르는 줄 모른다. 생각은 사라지고 설명할 수 없는 감정만 남는 무아지경 상태에 얼마든지 시간을 할애한다. 그러다 다시 길을 떠나면 침묵과 고요 속에서 움트는 생명을 발견하게 되고, 어려움과 위기 속에서 기대치 않은 행복을 찾게 된다. 아이슬란드가 당신에게 주는 선물이다.

침묵으로 소리의 갈증이 타오를 때 팻 매스니의 앨범 〈Secret Story〉를 듣는다. 곡 'Facing West'는 나에게 다가오는 풍광들과 함께 한 편의 뮤직비디오를 선물해주고, 'Finding and Believing'은 텅 빈 석재 취락에서 금방이라도 트롤이 튀어나올 것 같은 환상을 뿌려준다.

Ring Road

∞

그로테스크, 라키

18세기 후반, 아이슬란드 인구의 약 25%와 가축 절반을 사라지게 한 악명 높은 화산, 라키Laki fissure의 흔적도 1번 도로에 있다. 비크에서 동쪽으로 조금 더 달리다 보면 울퉁불퉁 회녹색 지대Wooly fringe moss가 펼쳐진다. 라키 화산이 폭발했을 때 용암이 흘러 서서히 식으면서 뭉클뭉클한 돌덩이들이 생겨났고, 세월의 흐름과 함께 그 위로 10cm 이상의 이끼가 덮이면서 이러한 모습을 나타낸다고 한다.

이끼 범벅의 돌덩이들이 지루할 정도로 끝없이 벌판 위를 채우고 있다. 그 모습이 그로테스크하면서 주변에 지나다니는 사람조차 드물어 마치 우주 행성 위에 나 홀로 착륙한 기분이다. 상태가 어떤지 몰라 조심스레 발걸음을 내디디니 카펫보다 푹신하다. 걷다가 만난 안내판에는 이때 발생한 화산으로 유럽 전역에 기근이 퍼졌고, 계속되는 사회 불안이 프랑스 혁명의 큰 원인 중 하나로 작용했다고 써 있었다. 대개 녹색은 생명과 부활을 상징하는데, 이곳의 녹색은 죽음과 소멸을 말해주고 있었다.

∞

반지 원정대처럼
피오르드를 따라

아이슬란드 남동부에 위치한 마을인 회픈Höfn을 지나면 1번 도로가 구불구불 변신을 시작한다. 빙하로 인해 만들어진 U자형 계곡, 동부 피오르드 지역이다. 날씨와 도로 상태가 좋아야 탐험할 수 있는 서부 피오르드의 60번, 68번 도로에 비하면 드라이브가 매우 쾌적하다.

해안선 도로는 영화 〈반지의 제왕〉에나 나올 법한 스케일로 여행자들의 혼을 쏙 빼놓는다. 어쩌면 작가 J.R.R. 톨킨이 상상한 세계가 바로 이런 모습이었는지 모르겠다. 꿈인지, 현실인지 정신은 혼미해지고, 산꼭대기에 숨겨진 절대반지를 찾으러 가는 반지 원정대처럼 비장함이 온몸에 흐른다. 1번 도로가 해안선을 따라 네 번 정도 휘감아 칠 때 노란 이정표를 만난다. 여기서 피오르드를 조금 더 즐기고 싶은 이는 96번 도로로, 목적지로 좀 더 빨리 가고 싶은 이는 1번 도로로 가면 된다.

96번 도로에는 오프로드 구간도 있고 기상에 따라 일부 구간이 폐쇄되기도 한다. 혹 폐쇄된 구간이 나오더라도 당황하지 않아도 된다. 마을 에길스타디르Egilsstaðir 방향으로만 우회하여 달리면 다시 1번 도로를 만난다. 아이슬란드의 모든 길을 아우르는 맏형 같은 길잡이가 바로 1번 도로다.

Paris
London
Tokyo
Bonn

Ring Road

∞

초원을 달리는 말이여

아이슬란드 하면 보통 빙하와 화산이 만들어 내는 눈과 얼음, 화산재 등을 떠올린다. 색으로 연상하자면 흰색과 검은색이 전반을 이룰 터. 하지만 실제 여행을 하다 보면 흑과 백의 세계 말고도 넓고 광활한 녹색 초원이나 유황으로 누렇게 그을린 황색 지대를 만나게 된다. 모든 것을 얼려버릴 것만 같던 아이슬란드에서 만나는 초록의 세계는 낯설면서도 반갑다.

그래서인지 초원에서 한가히 뛰노는 말들을 발견하게 되면 나도 모르게 '안녕~' 인사가 튀어나온다. 아마도 그렇게 만나 인사하는 말들이 아이슬란드에서 만나는 사람 수보다 많을지 모른다. 들판을 유영하는 말들을 보니 하나같이 다 잘생겼다. 찌지도 야위지도 않은 것이 걸음 걸음마다 품과 격이 느껴진다. 아이슬란드는 말을 수입하지 않는다. 또한 한 번 수출된 말은 다시 아이슬란드로 돌아올 수 없다. 종자가 섞일까 봐서다. 달리는 말이나 입으로 하는 말이나 참 폐쇄적이다.

아이슬란드어는 노르웨이 바이킹이 아이슬란드에 정착한 후 외부 언어와의 접촉 없이 옛 노르드어의 형태를 그대로 유지하고 있다. 과학적으로 종은 섞이면서 진화하고 언어는 문화접변 속에서 퍼진다고 하는데, 아이슬란드에서는 그게 안 통한다. 만약 찰스 다윈Charles Robert Darwin이 아이슬란드 인이었다면 다른 이론을 발전시켰을지 모른다. 이러한 극도의 순수주의가 더럽혀지지 않은 자연과 함께 아이슬란드라는 나라를 특별한 곳으로 만드는 게 아닐까.

극도의 순수주의가 더럽혀지지 않은
자연과 함께 아이슬란드라는 나라를 특별한 곳으로
만드는 게 아닐까.

∞

아이슬란드 광풍의 위력

아이슬란드에서 처음 운전대를 잡던 순간, 꽤 자부할 만한 운전 경력에도 불구하고 어깨에 잔뜩 긴장이 실렸었다. 생각해보면 해외여행을 하면서 직접 운전한 경험은 그리 많지 않았으니까. 하지만 또 적응은 금방이다(금방 적응할 만큼 수없이 달린다).

1번 도로를 달릴 쯤이면 아이슬란드 도로가 제법 익숙하다고 느껴진다. 도로 상태가 잘 정비되어 있기도 하다. 그렇다고 마냥 안심하고 다녀서는 안 된다. 겨울철 폭설이 내릴 때 이 도로는 통행 자체가 어렵고, 비바람이 몰아쳐 차를 마구 흔들기도 한다. 만약 나에게 아이슬란드에서 비, 눈, 바람 중 어떤 게 가장 무섭냐고 묻는다면, 나는 주저 없이 바람이라고 대답할 것이다. 아이슬란드는 몸을 지탱하기 힘들 정도로 강한 바람이 불 때가 부지기수다. 바람이 셀 때는 화산재나 자갈 등을 동반해 차에 흠집을 내고 사고를 유발하기도 한다.

이 바람이 점차 세를 더해 태풍이 되면 그때부터는 얘기가 달라진다. 2013년 혼자 처음 아이슬란드를 방문했을 때, 스카프타페들과 외쿨사를론 사이의 검은 사막지대를 통과할 일이 있었다. 운전을 하는데 앞이 잘 안 보여 살짝 비탈진 곳에 차를 세웠다가 모래 태풍을 만나 차가 완전히 전복된 것이다. 차에 그대로 고립되어 형용할 수 없는 두려움 속에서 1시간 30여 분가량을 머무르다 극적으로 구조된 경험을 했다. 하필 멀고도 먼 이 타지에서 가족들과 끝인사도 나누지 못한 채 생을 마감하는가 싶어 마음속으로 유서를 몇 번이고 고쳐 썼는지 모른다.

당시의 경험이 나에게 삶의 많은 화두를 던졌고, 지금 떠올려도 다시는 경험하고 싶지 않은 아찔한 순간이었음은 분명하다. 두 번째, 세 번째 아이슬란드 여정 때 역시 1번 도로를 달리면서도 지도에 큼직하게 적어 둔 '차 전복 지점'에 가까워질 때마다 등에는 식은땀이 흘러내렸다. 아이슬란드 여행을 이런 짜릿한 스릴과 함께 즐기는 것도 하나의 맛이겠지만, 여행은 안전하고 건강하게 즐기는 것이 최우선이다. 링 로드 여행을 무사히 마치기 위해서는 일기 예보와 도로 상태를 끊임없이 확인하는 것이 최선이다. 대자연 앞에서 함부로 방심치 말라!

만약 나에게 아이슬란드에서 비, 눈, 바람 중
어떤 게 가장 무섭냐고 묻는다면, 나는 주저
없이 바람이라고 대답할 것이다. 바람이 셀
때는 화산재나 자갈 등을 동반해 차에 흠집을
내고 사고를 유발하기도 한다.

1번 도로 주행 시 주의할 점

①

선글라스는 필수품이다

1번 도로를 자동차로 운전하다 보면 오랜 시간 태양을 직면하고 운전해야 하는 경우가 많다. 눈 덮인 도로를 달리면 스키장에 오래 있는 것같이 눈에 해가 되니 선글라스를 꼭 써야 한다.

②

방어운전하자

도로가 한적하더라도 울퉁불퉁한 곳이 많고, 상대편 차량이나 앞차가 튀기는 자갈에 사고 나는 경우도 있다. 전체적으로 길의 흐름을 파악하고, 전방좌우 주시하며 방어운전을 하는 게 중요하다.

③

과속하지 말자

내비게이션이 침묵할 정도로 한적한 아이슬란드 도로이지만, 적정 속도를 유지하면서 아이슬란드를 천천히 느끼자. 타운 출입 구에는 속도 측정 카메라가 있고 위반 시 당연히 과태료를 물어야 한다(터널에도 과속 단속 카메라가 있다). 과태료는 렌터카 업체에 지불했던 예치금(Deposit)에서 차감하거나, 후에 크레디트 카드로 청구된다.

④

길 옆에 차를 세울 때는 비상등을 켜고 안전지대인지 살피자

1번 도로를 달리다 보면 자연에 매료되어 차를 세우고 싶을 때가 많다. 정차 혹은 주차하기 전에 지반이 안전한지 반드시 살피고, 무심코 달려오는 다른 차들을 위해 비상등을 켜 두어야 한다.

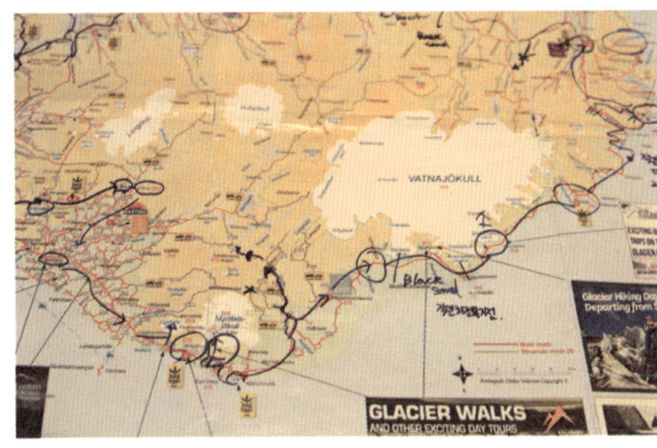

후사비크
셀포스
데티포스
아쿠레이리
미바튼
세이디스
피오르드
스티키스
호일무르
그룬다피오르드
씽벨리르
국립공원
게이시르
귀들포스
케플라비크
공항
레이캬비크
블루라군
셀야란즈포스
스코가포스
1번 도로
레이니스파라
비크

6

이해할 필요 없는 세계

스카프타페들 & 바트나외퀴들 국립공원 | 외쿨사를론
SKAFTAFELL & VATNAJÖKULL NATIONAL PARK
JÖKULSÀRLÓN

#인터스텔라 #빙하걷기 #스카프타페들 #겨울왕국 #초현실적

#울트라마린블루 #ultramarineblue

인생이란 꼭 이해해야 할 필요는 없는 것

그냥 내버려두면 축제가 될 터이니,

길을 걸어가는 아이가

바람이 불 때마다 날려오는

꽃잎들의 선물을 받아들이듯이

하루하루가 네게 그렇게 되도록 하라

릴케 Rainer Maria Rilke, '나의 축제를 위하여 Mir Zur Feier' 에서

라디오헤드 Radiohead 〈Kid A〉

영국 출신 록 밴드 라디오헤드는 기본적인 록 사운드의 포메이션(기타, 드럼, 베이스, 보컬)으로 갖가지 실험을 거쳐 독창적인 결과물을 만들어낸다. 2000년 밀레니엄에 발표된 앨범 〈KID A〉는 라디오헤드가 만든 독창적 사운드의 절정이다. 밴드 멤버들은 1928년에 발명된 전자악기 옹드 마르트노부터, 모듈러 신시사이저, 카오스 패드, 바이올린, 하프 등에 이르기까지 악기들을 총동원하여 시대와 장르를 넘나드는, 종전에는 예상할 수 없는 뜻밖의 사운드를 만들어 낸다. 창작과정에서 이들은 어떤 패턴이나 형식에 얽매이지 않고 멤버들의 자유연상에 기반해 곡을 만든다거나, 모자에 단어와 구절을 적은 쪽지를 넣고 무작위로 꺼내어 조합하여 가사를 써 내려가는 다다이즘적 스타일을 도입하기도 했다.

앨범 〈KID A〉는 스카프타페들 국립공원과 바트나외퀴들 국립공원, 외쿨사를론에서 대면하게 될 비현실적 풍경과 그곳까지 끌려간 내 잠재의식 세계를 이어주었던 것 같다. 특히, 긴 세월이 쌓인 스카프타페들/바트나외퀴들 국립공원에서 'Everything in Its Right Place'와 'Treefingers'를, 빙하의 생성과 소멸이 공존하는 외쿨사를론에서 'How to Disappear Completely'와 'Idioteque'를 듣는다면, 오랫동안 잠들었던 신경계들이 깨어나 온몸을 뚫고 나오는 것을 경험할 것이다.

∞

초현실적 세계,
스카프타페들 & 바트나외퀴들
국립공원

크리스토퍼 놀란Christopher Nolan 감독의 영화 〈인터스텔라(Interstellar, 2014)〉의 무대로 향한다. 영화에서 주인공 쿠퍼Cooper(매튜 매커너히Matthew McConaughey) 일행은 인듀어런스호를 타고 만 박사Dr. Mann(맷 데이먼Matt Damon)가 생존해 있는 행성을 찾는데, 그곳은 얼음과 암모니아만 존재하는 삭막한 얼음 고원이었다. 실제로 감독은 이 장면을 스카프타페들 국립공원Skaftafell National Park과 바트나외퀴들 국립공원Vatnajökull National Park 빙하지대에서 촬영했다.

고원, 녹지대, 주상절리, 폭포, 빙하가 한데 공존하는 스카프타페들 국립공원은 여행자들을 시시각각 혼비백산하게 만드는 곳이다. 얼음 덩어리들과 불속에는 무슨 예술혼이라도 있는 건지, 차가운 빙하과 뜨거운 지열의 공동 창작물은 인간이 상상치 못했던 세계로 인도한다.

스카프타페들 국립공원에서 내륙으로 더 들어가면 아이슬란드 최대 빙하지대인 바트나외퀴들 국립공원과 만난다. 이곳의 빙하는 빙원(지표의 전면이 두꺼운 얼음으로 덮여 있는 극지방의 벌판) 면적만 해도 8,099km²로, 아이슬란드 국토의 약 8%를 차지한다. 얼음의 두께가 최대 1km 정도 된다. 이 빙하는 아이슬란드 남부와 북부에 유입되어 또 다른 비경을 만들어 내기도 한다. 하늘과 맞닿은 만년설의 평온함과 빙하 권곡(카르Kar)의 웅장함은 한 인간이 대면하기에 버거울 정도다. 여기에 빙하와 열수구로 설계된 얼음 궁전, 바트나외퀴들 얼음 동굴까지 겨울 왕국이 따로 없다.

알고 보니 바트나외퀴들 국립공원의 거대한 빙하지대 중 일부가 스카프타페들 국립공원으로 편입되어 이 둘은 빙하지대를 공유하는 사이가 되었다고. 물론 대자연에 경계는 의미 있을 리 없다. 스스로 거기 있다가 시간이 흐름에 따라 서서히 모양을 바꿀 뿐.

스카프타페들 국립공원에서 쇼나르니파Sjonarnipa 코스를 하이킹했다. 춥고 삭막했던 아이슬란드 남부에 느닷없이 쇼나르니파 코스의 푸르른 지대를 만나자 반가우면서도 한편으론 낯설었다. 하이킹 코스를 따라 오솔길을 걷다가 저 멀리 주상절리 폭포, 스바르티포스Svartifoss를 만났다.('포스'가 붙으면 역시나 폭포다!) 레이캬비크의 상징, 할그림스키르캬 지붕의 밑그림이 된 곳이기도 하다. 마치 아이맥스 영화관의 스크린처럼 활짝 펼쳐진 주상절리로 폭포가 뚫고 나오는 모습인데, 검은 모래 해변에서 본 주상절리, 레이니스파라와는 또 다른 생동감이 있다.

　다른 편으로 걸어가니 스빈나페들스외퀴들Svinafellsjökull(스카프타페들 빙하지대)를 한눈에 볼 수 있었다. 전망대같이 볼록 튀어나온 지점에 서서 너른 빙하지대를 내려다보자, 빙하의 권곡부터 세락, 융빙수 등으로 이루어진 흑백의 세계가 열린다. 저 세계에 파고들고 싶다.

얼음 덩어리들과 불속에는
무슨 예술혼이라도 있는
건지, 차가운 빙하과 뜨거운
지열의 공동 창작물은
인간이 상상치 못했던
세계로 인도한다.

Lambhagi
Svartifoss

영화 〈인터스텔라〉,
그 빙하 위를 걷다

빙하 위를 걸으려면 먼저 스카프타페들 관광 안내소로 가야 한다. 고어텍스 트레킹화로 갈아신고 미끄럼 방지를 위한 크램폰까지 신으니 발이 무겁다. 나눠준 헬멧까지 단단히 장착했다. 차림새는 건설현장의 노동자일지언정, 내 기분만큼은 우주 탐험 전 산소 헬멧을 쓴 것만 같다. '마스터? 비자?' 스태프가 삑삑 소리를 내는 신용카드 단말기를 들고 묻는다. '새로운 세계를 탐험하려면 돈을 내라'는 연결음이었다. 무선 단말기의 전파 상태가 안 좋은지 한 직원이 단말기를 들고 밖으로 나가 허공의 전파를 잡는다. '띠딕' 장비 대여료와 가이드비가 정상적으로 결제되었다. 미지의 세계까지 파고드는 글로벌 기업의 위엄이여!

이제 빙하로 향한다. 빙하와 땅의 경계라고 할 수 있는 말단 퇴석과 단퇴석 지대를 지나니, 갑자기 심장이 빨라지는 게 느껴진다. 형용조차 안 되는 으슬으슬한 두려움 비슷한 게 심장으로 스며든다. 그래도 언제 이런 자연, 다른 별 같은 곳을 만나랴. 한 발자국, 두 발자국 탐험하듯 검디검은 자갈과 재가 뒤섞인 얼음 땅을 밟아갔다. 우주 비행사가 된 것 같다. '10, 9, 8, 7….'

드디어 빙하에 착륙!

푸른빛을 띤 투명한 빙하에 얇게 덮인 화산재와 검은 침전물들은 그 빛깔이 그로테스크하다. 호수와 재 덮인 얼음 덩어리들 그리고 검은 들판… 석양이라고 하지만 아직 대낮처럼 환한 공간과 기왕에 깔린 어둠이 숨죽이는 긴장을 자아낸다. 검은빛! 형용하기 어려웠는데, 바로 검은빛이다. 눈앞에 펼쳐진 검정이 빛이 될 수 있다는 형용모순, 불가능의 사태. 블랙홀과 화이트홀을 연결하는 우주의 시공간, 웜홀을 여행한다면 이런 기분일까? 영화 감독 크리스토퍼 놀란이 매료된 것도 아마 검은빛과 숨죽이는 시간이었을 것 같다.

검은빛!
형용하기 어려웠는데, 바로 검은빛이다.
눈앞에 펼쳐진 검정이 빛이 될 수 있다는 형용 모순,
불가능의 사태. 블랙홀과 화이트홀을 연결하는
우주의 시공간, 웜홀을 여행한다면 이런 기분일까?

∞

겨울 왕국,
바트나외퀴들 얼음 동굴

©Iurie Belegurschi

빙하 위를 탐험하니 그 속내가 궁금해졌다. '이 거대 빙하 아래에는 또 어떤 신세계가 있을까.' 바트나외퀴들의 커다란 빙하를 지탱하는 기반암 아래, 수백km 지하에서부터 270~380℃ 온도의 뜨거운 해수가 솟구쳐 오르는데, 이를 '열수구 현상'이라 한다. 열수구 현상과 빙하가 만나 해빙과 결빙 현상이 반복되면서 만들어진 자연의 콜라보레이션이 바로 바트나외퀴들 얼음 동굴이다.

첫 여행 때 빙하의 위만 걸었다면 세 번째 겨울 여행 때 비로소 바트나외퀴들 얼음 동굴에 들어갈 수 있었다. 바트나외퀴들 얼음 동굴 트레킹은 겨울철 여행자들만이 누릴 수 있는 특권이다. 여름철은 빙하가 녹는 기간이라 지반도 불안정하고 얼음 동굴의 위치 파악도 잘 안 된다. 매년 기온, 바람, 빙하의 양에 따라 새로운 얼음 동굴이 생기고 위치도 달라져서 여행 가이드들은 매해 초겨울 즈음 얼음 동굴 탐사를 나간다. 가이드들이 지반의 상태와 안전성 등에 대한 철저한 검증을 끝낸 겨울 즈음 관광객들은 비로소 겨울 왕국을 찾을 수 있다.

아무도 밟지 않은 얼음 위를 뚜벅뚜벅 걸어가니 스카프타페들 빙하 위를 걸었던 것과는 조금 다른 느낌이다. 붕 뜬 걸음걸이로 동굴 안에 들어서자 동공이 확장된다. 군청색, 담청색 순간순간 변하는 반투명한 얼음색은 태어나서 처음 본 오묘한 빛깔이다. 요하네스 베르미르 Johannes Vermeer의 작품 〈진주 귀걸이를 한 소녀〉에서 소녀가 머리에 두른 울트라 마린 컬러의 스카프, 고대 수메르인들이 보석만큼 귀하게 여겼다는 청금석… 세상에 존재하는 가장 고귀한 푸른 빛깔과 비교할 수 있을까?

동굴 안으로 더 깊이 들어가니 한없이 투명하고 푸른 빙하 궁전이 나타난다. 엄청난 양의 열수가 솟구쳐 오르다 순식간에 얼어버린, 그 얼음이 만들어낸 형상은 걸음마다 결을 달리했고, 빙하수는 계단형 폭포를 이루어 흐르며 인간의 것과 전혀 다른 시간계로 우리를 안내하는 것 같았다. 이 얼음 동굴의 신비로운 푸른빛이 디즈니 애니메이션 〈겨울왕국〉의 모티브가 되었다고. 어쩌면 이 얼음 동굴이 만화적 상상 그 이상의 건축물을 표현하고 있는 것 같다. 스카프타페들 국립공원이 비현실적 시공간이었다면, 바트나외퀴들은 초현실주의적 아키텍처였다.

8

소멸에 관하여,
외쿨사를론

"Ice Age Coming Ice Age Coming"

외쿨사를론으로 갈 때마다 라디오헤드의 'Idioteque'와 'How to Disappear Completely'를 듣게 된다. 빙하기로 시간을 거슬러 올라가는 기분이라서랄까. 바트나외퀴들 빙하의 외곽 빙하 중 하나인 브레이다메르쿠르외퀴들Breiðamerkurjökull에서 떨어져 나온 빙하가 녹아 생긴 석호(潟湖), 이게 바다로 이어진다. 외쿨사를론Jökulsàrlón 그러니까 빙하가 소멸하면서 형성된 통로이며, 빙하와 바다가 만나는 곳이기도 하다. 외쿨사를론은 흔히 요쿨살론, 요쿨살롱이라고도 부르지만, 외쿨사를론이라 발음하는 것이 본래 발음에 더 가깝다.

안내판을 보니 1920년부터 1965년까지 온난기가 이 빙하에 큰 변화를 가져다 주었다고 한다. 빙하는 신속히 뒤로 물러나고 석호 수위는 빙하코snout가 있었던 190m까지 올라갔다. 석호의 넓이는 1975년에 약 8km^{2}였는데 1998년에는 15km^{2}로, 지금은 약 18km^{2}로 점차 넓어졌다고 한다. 지금도 이 호수는 계속 넓어지고 있다고 하는 게 맞겠다.

바다 위에는 석호에서 흘러내려온 유빙들이 파도에 밀려 방파제 주변을 맴돌고 있다. 어떤 것들은 해안에 닿아 검은 모래밭 위에서 물고기 바위 등 다양한 형체로 뒹굴기도 한다. 크리스털이나 다이아몬드로 빚은 조각품이라 해도 손색 없다. 안타까운 건 빙하가 급속도로 녹고 있다 하니 바다 위를 유영하는 작은 설산을 만날 일은 점차 어려워질 수도. 검은 모래밭과 얼음 조각이 빚어내는 음울하면서도 환상적인 아름다움을 볼 수 있는 날이 길지 않을 거란 얘기다. 석호 부근에서 빙하가 떠내려가는 모습을 보며, 지금을 만끽하기 위해 라디오헤드의 ‘How to Disappear Completely’를 다시 들었다.

우뚝 선 빙산 조각들, 호수, 바다, 이 거대한 존재가 그 푸르스름함, 백색, 흑색 그리고, 물색과 투명함으로 쓸쓸하게 스러져가는 모습을 또렷이 담기 위해 나는 일대를 배회하면서 사진을 찍고 또 찍었다. 그러나 그 순간은 그 자체로 온전한 것을, 카메라 옵스큐라를 거친 아니 인간의 의식으로 걸러진 순간은 자연의 온전한 모습은 아닐 것이다. 저 빙하가 지나온 시간, 비록 시공간적으로 떨어져 있지만 마치 태곳적부터 들고 나며 쌓인 공기, 바람, 물 그리고 빛의 운명에 지금 이 모습을 다시는 볼 수 없을 터이니.

인류의 무의식에 한 켜 한 켜 퇴적돼, 존재 깊숙한 어느 고적한 공간에서 불현듯 출현할 물질, 아니 생명의 비의를 꼭 이곳에서 만날 수 있을 것만 같다. 그런데 그것은 기다리며 오래 머무는 자에게만 찾아올 것이다. 녹고 부딪치고 흔들리지만 끝내 적막이라 명명할 수밖에 없는 그곳에서 나는 혹시라도 그 신비의 실마리라도 잡을까 막연한 듯 간절한 그리움으로 호숫가와 해안을 서성이고 또 서성였다.

빙하의 세계와 만난 순간들, 장소와 공간마다 서린 기시감(既視感), 이는 오래된 꿈이 현실로 기지개 켜는 기나긴 순백의 시간이었는지 모른다. 이 세계는 인간의 알량한 시각과 의식으로는 이해할 수 없는 거대한 존재였다.

Skaftafell & Vatnajökull National Park | Jökulsàrlón

**스카프타페들 ·
바트나외퀴들
국립공원 즐기기**

스카프타페들 국립공원 부근을 베이스캠프 삼아 숙박을 하고, 국립공원
주변 하이킹, 얼음 동굴과 빙하 트레킹 등을 체험하면 좋다. 스카프타페들
국립공원과 외쿨사를론 관광센터를 이용하여, 투어 상품을 이용하는 것도
추천해본다.

◯① 스카프타페들 국립공원

투어 가능 기간 1년 내내
투어 소요 시간 반나절

스카프타페들 국립공원에서도 쇼나르니파 코스는 가장 인기 있는 하이킹
코스다. 지형도 험하지 않고 코스도 길지 않아 초보자도 무리없이 즐길 수
있다. 스바르티포스까지 트레일도 연결되어 있어 접근하기도 쉽다. 단,
스빈나페들스외퀴들 빙하 트레킹을 원하는 여행객들은 투어센터의 상품을
이용하여 관련 장비를 반드시 착용하고 즐겨야 한다.

◯② 바트나외퀴들 얼음 동굴 투어

투어 가능 기간 겨울철 10월 말~4월 초
투어 소요 시간 2시간 30분

얼음 동굴 체험은 관광 시즌이 겨울철로 한정되어 있다(여름철은 해빙기라서
빙하 동굴 진입 불가). 매년 동굴의 위치도 바뀌고, 여러 가지 자연 조건이
맞아야 진입할 수 있다.

◯③ 외쿨사를론 빙하 투어

투어 가능 기간 1년 내내
투어 소요 시간 1시간 내

스카프타페들 국립공원에서 빙하 위를 걸었다면, 외쿨사를론에서는 배를 타고
이동하면서 바다 위에 떠 있는 빙하를 감상할 수 있다. 시시각각 변하는 빙하의
빛깔에 시각 쇼크를 체험하고 싶다면 이 투어를 추천한다.

후사비크
셀포스
데티포스
아쿠레이리
미바튼
93번
도로
세이디스
피오르드
스티키스
호일무르
그룬다피오르드
쌩벨리르
국립공원
게이시르
귀들포스
바트나외퀴들
케플라비크
공항
레이캬비크
회픈
블루라군
스카프타페들
외쿨사를론
셀야란즈포스
1번 도로
스코가포스
레이니스파라
비크

7

몽환의 연속

셀포스 | 데티포스
SELFOSS · DETTIFOSS

멀리 여행해 본 사람은 참으로 현명하나니

세상의 진리를 안다.

여행해 본 사람은

어떤 영혼이 자신이 만나는 사람을 움직이는지 알 수 있다.

경험 Experience, 바이킹 속담 the saying of the Vikings에서

음악과 함께 여행하세요

마이 앤트 메리|My Aunt Mary 〈Circle〉

홍대 인디씬에서 세련된 록을 구사해 온 그룹 마이 앤트 메리는 탄탄한 음악 창작력과 진솔한 가사로 오랜 기간 음악 팬들의 사랑을 받아왔다. 마이 앤트 메리의 다섯 번째 정규 앨범인 〈Circle〉에는 팝과 록의 노련한 배합인 '푸른 양철 스쿠터', 'Night Blue', 'Silence', '다섯 밤과 낮' 등이 담겨 있다.

아이슬란드 링 로드 여행의 터닝 포인트,북동부 지방 여행 중 듣는 앨범 〈Circle〉은 연인의 부드러운 스킨십처럼 그간 쌓인 피로와 외로움을 아늑히 감싸줄 것이다. 쭉 뻗은 도로에서는 '푸른 양철 스쿠터'와 '내게 다가와'를, 새하얀 눈이 덮인 오름에서는 'Silence', 'Night Blue'를 들어보길 권한다.

이윽고 셀포스와 데티포스에 다다르면 음악을 끄고 폭포의 소리에 온전히 귀 기울여보길.

〈월터 미티〉의 한 장면이 되어

매 순간 새롭게 등장하는 풍광들에 혼을 빼고 동부 피오르드를 달리다 보니 자동차 역시 에너지가 다 떨어졌다. 탈 없이 여기까지 데려다준 녀석이 고맙고 신통하다. 에 길스타디르Egilsstaðir에 잠시 멈춰 기름을 넣고 물과 먹을거리를 샀다. 귀틀포스, 셀포 스처럼 에길스타디르에도 무슨 의미가 있겠지, 아이슬란딕 지명 사전(Icelandic Place Names)을 펼치니 '에길스의 농장'이란 뜻이다. 인구 2,300명에 제법 큰 호텔도 몇 개 있고 버젓한 비행기 활주로까지 있으니 아이슬란드에서는 꽤 큰 규모의 도시인 셈이 다. 뭔가 제대로 갖춰진 듯한 도시 모습이 이곳까지 오면서 봤던 마을들과는 달라 좀 낯설기도 했지만 한참을 달린 끝에 당도한 곳이라 저절로 몸과 마음이 풀어졌다. 다시 1번 도로를 타고 데티포스Dettifoss로 가다가 갑자기 사거리에서 멈췄다.

93번 도로, 세이디스피오르드 Seyðisfjörður

그렇다. 영화 속 월터 미티가 스케이트보드를 타고 거침 없이 질주하던 바로 그 도 로다. 주저 않고 세이디스피오르드로 방향을 바꾼다. 드디어 93번 도로 진입! 텅 빈 아 이슬란드 도로가 또다시 질주 본능을 일깨운다. 마이 앤트 메리의 '푸른 양철 스쿠터'

THE SECRET LIFE OF WALTER
MITTY
A BEN STILLER FILM

를 들으니 정적을 깨는 멜로디와 오랜만에 듣는 우리말 가사가 참 반갑다.

"시간을 잠시 멈춰 세우고,
은빛의 바람 속을
뛰는 가슴 높은 엔진 소리로
멀리 떠나온 그때 그곳에."

노래에 취해 93번 도로를 달리다 보니 영화에서 본 딱 그 길에 내가 있다. 〈월터 미티〉의 OST로 음악을 바꾸고 스스로 월터 미티가 되어 속도를 즐겨본다. 스케이트 보드의 스릴에 비할 수야 없겠지만 창문을 열고 볼륨을 키운 덕에 엄청난 쾌감이 밀려온다. 어느새 세이디스피오르드에 도착했다. 인구 1,000명도 채 되지 않는 이 작은 마을에 호텔이 두 개나 있다. 최근 아이슬란드의 산업 비중이 어업에서 관광업으로 옮겨가고 있으니 그럴 만도 하다.

아이슬란드 어디를 가도 마을은 참 평온하고 아름답다. 이 마을에는 배산임수의 작은 집들이 오밀조밀 모여 있고, 고깃배와 요트들이 정박해 있다. 마을 묘지와 교회도 눈에 띈다. 묘지 근처 차도에 자동차들이 늘어서 있어 유심히 보니 직전에 장례식이 있었던 듯 검은 복장의 사람들이 저쪽 건물에서 줄지어 나온다. 이승과 저승이 엇갈리는 시간인데 멀찌감치서 보면 쓸쓸하고도 아름답기까지한 하나의 풍경이다. 길이 끝나는 지점에서 차를 돌린다.

∞

하얀 세계에 휘둘려

에길스타디르에서 다시 1번 도로로 바꿔 타고 내륙을 질러 북서쪽으로 향한다. 세상이 온통 하얗다. 모두 하늘 같기도 하고, 하늘이 눈산에 묻혀 실종된 것 같기도 하다. 그 속을 헤치고 가자니 운전하는 내내 등줄이 오싹하고 손에선 땀이 난다. 너무 긴장해 슈퍼마켓에서 사 먹은 빵이 얹힐 것 같았다. 햇빛이 난반사되어 어지럽기까지 하다. 키만큼 두꺼운 눈을 걷어내고 만든 2차선, 사방이 하얗고 시야는 바로 차 앞까지인데 한 치 한 치 더듬듯 한참을 오르다 보면 산맥과 구름이 나란히 나와 같이 달린다. 겨울이 깊으면 이곳을 넘는 일은 상상도 못할 것이다.

큰 고비를 넘기고 나니 어쨌든 해낸 기분. 운전하느라 진땀 뺀 나 스스로에게도 칭찬을, 안전한 타이밍을 내어준 대자연과 신께도 감사를! 한 시름 돌리며 어마어마했다는 생각은 덜어졌지만, 그 속에 놓여 있던 순간순간은 찬탄과 숨죽임과 진공에 떠 있는 듯한 몽환적 상황의 연속이었다. 음악 없이 드라이브하는 일은 거의 없고 어디서 어떤 음악을 들었는지 죄다 기억하는 편인데 그때는 음악이 흐르는 것조차 잊은 채 백색 공간을 부유하고 있었다.

멀리 보이는 분화구에 공기밥 모양의 하얀 것이 덮여 있다. 당연히 눈이려니 생각했는데 분화구를 덮고 있는 것은 놀랍게도 구름이었다. 조금 지나니 모양도 조금씩 바뀐다. 어떤 물리적 현상이 분화구가 저런 절묘한 모양으로 구름을 떠받들게 하는구나 그저 짐작한다. 아니면 저런 형상이 나올 수 없겠다.

∞

셀포스,
데티포스를 만나러 가는 길

데티포스로 가기 위해 864번 길에 접어 들었는데 도로 사정이 좋지 않아 막혀 있었다. 우회길인 862번 도로를 용케 찾아냈다. 하지만 상황은 마찬가지. 폭설 탓에 차들이 갈림길에서 비상등을 켠 채 서 있다. 얼마나 대단한 것이 숨어 있길래 이다지도 접근조차 힘든 건지. 〈꽃보다 청춘〉 배우들은 차 유리를 와장창 깨 먹고도 절경을 즐긴다. '이 와중에도 아이슬란드는 왜 이렇게 멋진 거냐'며…. 마찬가지로 폭설로 갈 길 잃은 사람들은 차 밖으로 나와 눈 벌판을 하염없이 바라보기도 하고, '치즈, 스마일' 하며 연신 사진을 찍기도 한다. 인간계가 누릴 수 있는 순간 포착의 기회로, 국적 불문 너나 할 것 없이 우리는 하나의 공동체가 되었다. 데티포스 유니언(Dettifoss Union). 서로가 누군지 몰라도 해시태그(#)와 구글 위치 정보는 우리를 그렇게 묶어 놓을 것이다. 어느덧 하나 둘 체념한 듯 차로 들어갈 때 누군가 소리지른다.

"Gorgeous!"

제설차였다. 슈퍼카는 쌓인 눈을 치워 순식간에 길을 내줬다. 곳곳에서 환성이 터지고, 데티포스 유니언은 제각기 차로 돌아가 무사히 데티포스 입구까지 도착했다. 하지만 온 사방이 눈밭이라 어디로 가야 할지 가늠이 안 된다. 살을 파고드는 강풍은 후드를 쓰고, 장갑을 끼고, 아무리 옷깃을 여며도 이길 재간이 없다. 조심조심 발을 뗐지만 바람에 몸이 흔들리며 일순간에 쓰러졌고 허리까지 눈밭에 빠져버렸다. 마침 옆에서 걷던 이의 도움으로 겨우 빠져 나왔다. 역시 아이슬란드 바람은 나에게 아주 두려운 녀석이다.

Dettifoss

데티포스는 유럽에서 가장 힘찬 폭포라고 하는데 아마도
빙하와 바람 때문일 것이다. 여름에는 더 많은 눈과 빙하가 녹아
이보다 훨씬 장엄한 광경을 보여줄 테다.

한참을 걸으니 안내판이 나온다. 바트나외쿠들 빙하가 녹아 고원으로 흐르다 절벽을 만나 장렬히 떨어지는, 아이슬란드를 상징하는 또 다른 폭포를 마주할 차례다. 셀포스Selfoss와 데티포스. 이는 수차례의 대홍수로 형성된 거대 협곡, 외쿨사우르글루프르Jökulsárgljúfur를 따라 흐르는 외쿨사 아우 피요들룸Jökulsá á Fjöllum강이 만들어 낸 웅장하고 숭고한 폭포다.

셀포스의 낙차는 10m 인데, 이 폭포의 물이 데티포스의 원천이 된다. 셀포스에서 떨어진 물은 다시 높이 44m 아래 협곡으로 낙하한다. 폭은 100m. 엄청난 양의 물이 쏟아져 내리는 셈이다. 데티포스는 유럽에서 가장 힘찬 폭포라고 하는데 아마도 빙하와 바람 때문일 것이다. 여름에는 더 많은 눈과 빙하가 녹아 이보다 훨씬 장엄한 광경을 연출할 것이다.

귀들포스, 셀야란즈포스, 셀포스 등 여지까지 아이슬란드에서 만났던 폭포들은 경쾌함과 동시에 평온함을 느끼게 해주었는데, 데티포스는 한마디로 버겁다. 거대한 협곡을 향해 굉음을 내며 떨어지는 폭포수에 행여 휩쓸릴까 다시 서기조차 무시무시하다. 폭포가 떨어지는 너른 고원은 마치 생명의 시원처럼 은밀하면서 또 열려 있다. 할리우드의 거장 감독 리들리 스콧Ridley Scott이 자신의 영화 〈프로메테우스〉의 배경으로 데티포스를 선택한 것은 이런 태초의 느낌 때문 아닐까.(그러고 보니 할리우드는 아이슬란드를 참 사랑하는 것 같다.) 폭포를 돌아 나오니 마치 큰 과업을 달성한 기분이다.

데티포스 보는 법

바트나외쿠들 국립공원 북부에 위치한 데티포스는 여름철에는 눈이 없는 편인데, 9월만 돼도 눈이 수북이 쌓이고, 한번 쌓인 눈은 5월까지 잘 녹지도 않는다. 이를 대비해 장갑, 트레킹 스틱, 두꺼운 양말 등을 챙겨야 한다.
데티포스는 두 방향에서 관람할 수 있다.
첫 번째, 1번 도로에서 864번 도로Hólsfjallavegur를 타고 들어가서 보는 것인데, 오프로드가 많아 운전에 유의해야 한다. 영화 〈프로메테우스〉의 첫 장면과 똑같은 앵글을 보고 싶다면 이 루트로 들어가서 데티포스를 감상한다.
두 번째는 862번 도로Dettifossvegur를 따라 들어가는 것. 오두막집 형태의 데티포스 트래블 오피스를 볼 수 있다. 눈이 쌓였을 때는 만약의 사고에 대비해 여러 사람들과 함께 걸어가는 게 좋다.

VATNAJÖKULSÞJÓÐGARÐUR
Dettifoss
D2
Selfoss
0,6 km
0,4 km P

후사비크
셀포스
데티포스
미바튼
아쿠레이리
세이디스
피오르드
스티키스
호일무르
그룬다피오르드
바트나외쿼들
씽벨리르
국립공원
게이시르
귀들포스
케플라비크
공항
회픈
레이캬비크
스카프타페들
블루라군
외쿨사를론
셀야란즈포스
1번 도로
스코가포스
레이니스파라
비크

8

파리호수에서

화성탐험을

흐베리르 | 흐베르프야들 | 미바튼
HVERIR · HVERFJALL · MÝVATN

Emotional Landscapes

They Puzzle me

Then the riddle gets solved

And you push me up to this

감동적인 풍경,

그들이 나를 어리둥절하게 만들어요,

수수께끼가 풀리는 듯하면,

날 이곳으로 밀어넣지요.

비요르크 Björk, 'Joga'에서

음악과 함께 여행하세요

비요르크 Björk 〈Homogenic〉

레이캬비크 출신 아티스트 비요르크의 음악을 들으면 혼령들이 허공을 떠돌며 합창하는 것 같다. 공간감 있는 사운드와 비트는 자연주의적 세계 또는 초월적인 세계로 우리를 이끈다. 이는 매 앨범마다 일렉트로닉, 록, 뮤지컬, 재즈, 스윙 등 다양한 장르를 실험하는 그녀의 음악관에 기반한 것 이다. 비요르크는 음악뿐 아니라 패션, 미술, 뮤직비디오, 인터렉티브 사운드 실험실 등 여러 예술 분야에도 직접 참여하여 두각을 나타내기도 했다. 그녀의 다채로우면서도 다이내믹한 의식 세계가 아이슬란드 자체를 품고 있다는 느낌을 받는다. 비요르크의 네 번째 정규 앨범 〈Homogenic〉은 여러 장르를 아우르는 음악적 실험이 최적화한 것들이다. 수록곡 중 'Hunter', 'Joga', 'Bachelorette', 'Immature' 등은 미바튼 지대의 기괴한 암석 벌판에서 더할 수 없는 청각적 풍광을 만들어 줄 것이다.

∞

들 끓는 땅,
미바튼 지구

살을 에는 눈의 바다 속에서 데티포스를 본 후 눈밭을 돌아 나와 얼마를 갔을까? 곳곳에서 땅이 끓고, 창을 여니 유황 냄새가 코를 찌른다. 지구상에서 가장 활화산이 많은 지역이 바로 아이슬란드인데, 아이슬란드 전역 총 140여 개의 화산 중 30여 개가 활화산이다. 아이슬란드 북부에 위치한 미바튼Mývatn은 이런 활화산 지대에 펼쳐진 마을이다. 비록 지대는 펄펄 끓고 있을지언정 마을은 평화롭기까지 하다.

유황가스를 내뿜는 가분화구와 진흙 웅덩이가 있는 갈색 언덕 흐베리르Hverir, 마그마가 지하수나 호수와 만나면서 탄생한 수성화산 흐베르프야들Hverfjall, 용암 대지와 칼데라가 혼재한 분화구 지대 크라플라Krafla 등이 미바튼 호수를 끼고 있는 이곳은 또 다른 행성이다. 도대체 아이슬란드에는 몇 개의 행성이 존재하는지. 아이슬란드를 지구 위에 놓인 작은 우주라 말하는 게 참 맞다.

짙은 유황 냄새와 곧 폭발할 것 같은 가스를 올리는 땅. 이 황량하면서도 드라마틱한 공간에 서 있는데 난데없이 초파리와 달벌레들이 얼굴로 달려든다. 이들의 생태에 무지한 나는 어쩌다 풀 한 포기 없는 이곳에서 생뚱맞게 날고 있는지 의아할 따름이다.

그런데 '미바튼'이라는 지명이 파리, 각다귀 등 작은 곤충을 의미하는 'Mý'와 호수를 의미하는 'Vatn'이 결합된 것이란다. 그러고 보니 이 친구들이 이 무대의 주인공이다. 미물이 다시 보인다.

∞

흐베리르,
화성을 탐험하다

흐베리르Hverir는 검은 진흙이 죽처럼 끓고 있는 웅덩이의 모습이다. 자칫 발을 헛디디면 빨려 들어가 헤어나지 못할 것 같다. 가분화구 이곳저곳에서 뿜어져 나오는 유황연기에 휩싸여 시선을 조금 멀리 두면 화성같이 붉고 황폐한 이 세계가 그저 의아할 뿐이다.

눈 덮인 화산, 흐베르프야들Hverfjall이 보인다. 숨이 턱턱 막혀도 이 기이한 광경을 언제 또 접할까 싶어 유황 연기 속에 있는 나를 좀 더 내버려두었다.

미바튼 화산지대를 빠져나오니 뜻하지 않게 4차원 세계에 들어섰다가 돌연 익숙한 세계로 되돌아 나온 것 같다. 만년설을 헤치고 달려왔을 때도 꿈에서 깬 듯하더니 딱 그 느낌이다. 갑자기 공복감이 몰려온다. 아침을 적게 먹어서인가, 아니면 미바튼에서 배회한 시간이 실제 꽤 길었던 것일까(나는 잠깐이라고 느꼈건만). 아무튼 현실 세계에서는 공복을 채우는 게 뭣보다 우선시된다.

아이슈타인의 상대성 이론, 중력, 인터스텔라.

맞다. 영화 〈인터스텔라〉를 보면 밀러의 행성에서의 1시간이 지구에서는 7년이다. 아이슬란드에서 내가 속한 시간은 지구 시간보다 빠른 셈이다. 흐베리르와 흐베르프야들에서, 아니 아이슬란드에서 한 열흘 지내다 가면 내 친구들도 노인이 되어 있을 것이다. 시간 가는 줄 모르고 무언가에 빠져 있을 때 시간은 빨리 흐른다.

∞

파리호수, 미바튼

미바튼 호수로 가는 길의 양편에는 작은 지열발전소들이 있다. 호수 주변의 넓은 평지가 실은 화산지대라 지열을 활용해 산업을 일으키기 좋은 것이다. 생활 전기는 물론 온천 등으로 활용하고 있다고 한다.

미바튼 호수 옆 호텔 레이닐리드Hotel Reynihlid에서 하루를 묵었다. 아무리 봐도 호텔 주소나 전화번호를 찾기 힘들다. 마을에 있는 다른 호텔도 마찬가지다. 아이슬란드 스타일 실용주의. 목조 건물의 이 호텔은 심플하고 미니멀한 실내 디자인을 갖췄지만 데스크 직원은 딱 필요한 얘기만 하고 편히 쉬라든가 재미있게 지내라는 식의 인사도 없고 상냥한 웃음도 없다. 여느 호텔들에서도 비슷했지. 물어보는 말에도 답만 말하고 그만이다. 관광으로 먹고사는 나라라는 생각이 들지 않는다. 대화에 있어서도 미니멀리즘이 장착된 것인가 싶다.

방에 들어오니 창밖으로 내다보이는 흐베르프야들 분화구와 미바튼 호수가 독일 낭만주의 화가 카스파르 다비드Caspar David Friedrich의 그림 같다. 호텔 안팎으로 작은 벌레가 예고 없이 드나든다. 잊지 말아야한다. 이곳은 미바튼, '파리'호수다. 파리가 주, 내가 객이다.

미바튼 호수 주변을 따라 달려보니 마그마 폭발과 지진으로 겪은 땅바닥이 기괴하게 펼쳐져 있다. 무서워 차에서 내려 발 디딜 용기가 나지 않는다. 카메라 렌즈 뚜껑을 열 엄두조차 내기 못했다.(후에 이걸 더 찍어둘 걸 후회했지만.) 이 무서움에는 어둑어둑해지는 저녁 시간대라는 점도 한몫했다. 쩍쩍 갈라진 검은 들판이 어둠을 만나자 금방이라도 주위(나를 포함한)를 삼켜버릴 것 같았다. 아무도 모르게 이곳에서 실종될 것 같은 느낌. 비요르크의 노래 'Joga'의 뮤직비디오가 이 지대를 모티브로 했다는데, 예술가에게 이 무시무시한 세계야말로 영감의 원천이 될 수 있을 것 같다.

취락으로 차를 돌려 얼마쯤 가다가 쉬어갈 겸 차를 세웠다. 길 저편에서 부부인 듯 보이는 한 쌍이 자전거를 몰고 온다. 무심코 주변을 살피니 보통 집주인이나 농장주를 나타내는 파란 표지판에 비요르크라고 쓰여 있다. 설마 우리가 아는 그 비요르크의 집을 가리키는 건 아니겠지. 마침 비요르크의 앨범을 표지판에 갖다 대 보니 제법 잘 어울린다. 차로 돌아와 비요르크의 앨범 〈Homogenic〉을 틀었다. 미바튼 지대의 기괴함이 극에 달한다. 갑자기 DJ라도 된 듯 비요르크의 노래 'Hunter', 'Joga', 'Bachelorette'를 연달아 틀었다.

곳곳에서 쉴 새 없이 연기가 피어 오르고 곧 불꽃이든 불덩어리든 튀어나올 것 같은 이 느낌. 지진 소리 같은 비트, 요동치는 현악기, 드라마틱한 비요르크의 목소리. 이 모든 것이 한 덩어리가 되어 나를 흔든다.

거역할 수 없는 감정의 파도를 타고 달리다가 용천수에서 김이 모락모락 피어 오르는 미바튼 네이처 배스Mývatn Nature bath에 닿았다. 아이슬란드의 손꼽히는 유명 온천이다. 우윳빛 머금은 푸른 노천 온천이 만년설과 황토, 검은 땅에 둘러싸여 있다.

분명 이 지대는 '안정'과는 거리가 멀어 보인다. 용암, 지각, 공기, 파리떼 등 불안정하고 불규칙하며 심지어 언제 폭발할지 알 수 없을 것만 같다. 하지만 이곳 사람들이 다른 곳으로 떠나지 않는 것은 그럴 가능성이 희박해서일까. 아니면 화산이든 그 무엇이든 대자연의 현상을 그저 '그렇구나' 생각하고 그걸 지키고 사용하며 살기로 해서일까.

아! 오로라 얘기를 덧붙이자면, 이곳에서도 난 오로라 예보를 수시로 확인했다. '오늘은 오로라 지수가 괜찮다'는 현지인 얘기에 기대에 부풀어 호텔 데스크 직원에게 오로라 관측 명당(?)을 물은 뒤 길을 나섰다. 가로등도 없고 사위가 깜깜한 곳까지 갔으나 또 허탕이었다. 오, 오로라… 오늘도 접선 실패!

미바튼
관광 노하우

Krafla
크라플라 분화구

크라플라는 원래 이 지역의 가장 큰 분화구 이름인데, 이 지역에 함께 자리
잡은 비티 분화구, 칼데라, 용암지대를 통틀어 흔히 크라플라 지대라고 한다.
분화구에 차 있는 청회색 용암수는 꼭 봐야 할 진풍경이다.

Hverir
흐베리르

유황 냄새 가득한 황토 벌판을 걸어보자. 곳곳에 검은 진흙이 부글부글 끓는
웅덩이들이 있으니 가까이 다가가 볼 것.

Hverfjall
흐베르프야들

아이슬란드에서 크기로 네 번째 분화구다운 위엄을 지녔지만 높이는 100m
정도밖에 되지 않아 금방 올라갈 수 있다. 바람이 너무 세거나 비나 눈이 심하게
오는 날은 언제나 조심해야 한다.

Mývatn Nature bath - Jardbodin
미바튼 네이처 배스

미바튼 지대의 지열과 주변 유황 온천을 끓어들인 자연 온천이다. 여름철에는
아침 9시부터 밤 12시까지, 겨울철에는 낮 12시부터 밤 10까지 운영한다.
특히 저녁 때 즐기는 온천에 야릇한 매력이 있다.

네이처 배스 홈페이지 www.jardbodin.is
미바튼 지역 홈페이지 www.visitmyvatn.is/en

후사비크
아쿠레이리
셀포스
데티포스
미바톤
세이디스
피오르드
스티키스
호일무르
그룬다피오르드
씽벨리르
국립공원
게이시르
귀들포스
바트나외쿠들
케플라비크
공항
레이캬비크
회픈
블루라군
스카프타페들
외쿨사룰론
셀야란즈포스
1번 도로
스코가포스
레이니스파라
비크

9

아이슬란드 북부,

고래 항구에 다다라

후사비크 | 아쿠레이리

HUSAVIK · AKUREYRI

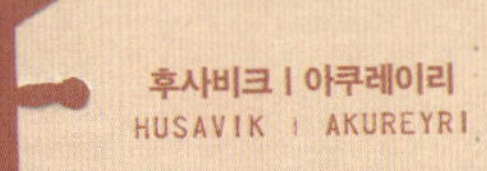

#고래항구 #아이슬란드실용주의 #아이슬란드미인 #아쿠레이리 #도시적

#오렌지레드 #orengered

나를 등에 태워주고 내 짐을 실어주던 짐승이
이제 나를 위해 죽임을 당했으니,
내게 먹을 고기를 주는 이 짐승이
어서 빨리 부처님의 세계에 갈 수 있도록 하소서.

헬레나 노르베리 호지Helena Norberg-Hodge, 〈오래된 미래〉에서

헬레나 노르베리 호지, 〈오래된 미래〉, 양희승 옮김, 중앙북스, 2007

#오렌지레드 #orengered

음악과 함께 여행하세요.

에밀리아나 토리니Emiliana Torrini 〈Fishermen's Woman〉

포크 음악이 섬세하면서도 아름답다고 느끼는 순간은 에밀리아나 토리니 같은 뮤지션이 어쿠스틱 기타를 잡고 마이크 앞에 섰을 때다. 잔잔하면서도 몽환적인 음악은 요정의 전설이나 숨겨진 바이킹들의 이야기와 많이 닮아 있다. 에밀리아나는 〈반지의 제왕: 두 개의 탑〉 주제곡인 '골룸의 노래'로 주목 받기도 했다. 'Nothing Brings Me Down', 'Sunnyroad', 'Lifesaver', 'Thinking Out Loud' 등 12곡의 수려한 포크 음악이 수록된 앨범 〈Fishermen's Woman〉은 후사비크로 흘러가는 여행자들의 시간에 꽃내음 나는 스토리를 선사할 것이다.

송창식 〈골든 2집〉

한국 포크 음악의 전설, 송창식. 그가 그룹 쎄시봉에서 들려줬던 모던한 포크 음악은 송창식 고유의 관조, 재치, 철학를 만나 '고래사냥', '왜불러', '가위바위보', '나그네', '향수' 같은 시대의 명곡을 탄생시켰다. 고래 탐험 핫스폿인 항구 도시 후사비크와 아쿠레이리에서 자유로운 영혼이 되어 고래와 만날 꿈을 꾸는 여행자들에게 송창식의 호탕한 목소리가 함께하면 좋겠다.

∞

후사비크의 고래 이야기

'술 마시고 노래하고 춤을 춰봐도 가슴에는
하나 가득 슬픔뿐이네' 이 대목은 비 내려 추적거리는
후사비크 거리를 위한 준비된 가사 같았다.

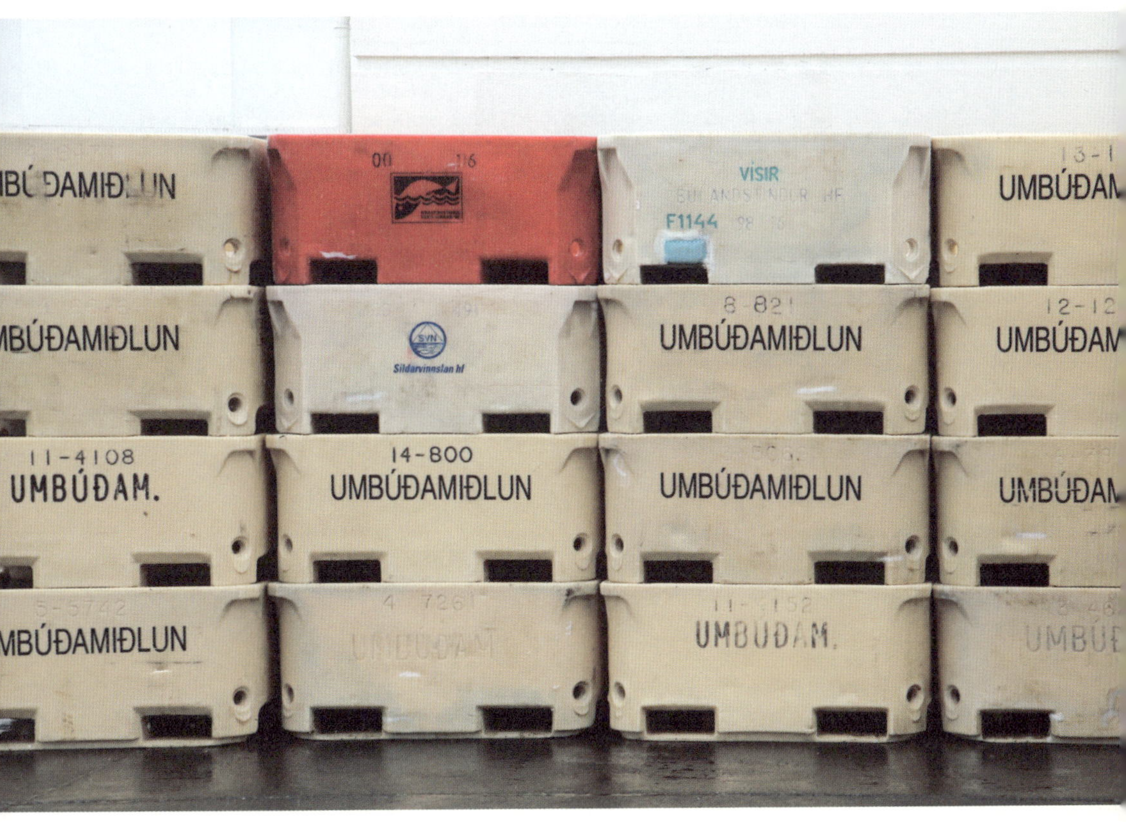

UMBÚ ĐAMIĐLUN
VISIR
F1144
UMBÚĐAMIĐLUN
Sildarvinnslan hf
UMBÚĐAMIĐLUN
8 821
UMBÚĐAMIĐLUN
13-1
UMBÚĐAM
12-12
UMBÚĐAM
11-4108
UMBÚĐAM.
14-800
UMBÚĐAMIĐLUN
UMBÚĐAMIĐLUN
UMBÚĐAM
5-5742
MBÚĐAMIĐLUN
4 726
UMBÚĐAM
11-1152
UMBÚĐAM.
UMBÚĐ

미바튼의 일장춘몽에서 깨어나서야 생각했다. 아이슬란드 여행에서 이제 더 바랄 게 없다고. 하지만 볼 것을 다 봤다는 것과는 다르다. 새롭게 다가오는 눈 덮인 산, 굵은 붓으로 단번에 칠한 듯한 묵화가 이어진다. 불연속적으로 다른 차원으로 진입하는 것을 사람들은 초월이라 한다. 그런데 이 세계와 저 세계 사이 경계가 모호하거나 경계가 아예 없는 세계를 부유할 때는 무엇이라고 해야 하는지. 또다시 이어지는 백색 고요 속에서 에밀리아나 토리니의 'Nothing Brings Me Down'과 'Sunnyroad'로 소리꽃을 피워본다. 노래가 사그라들 즈음 마을이 나타난다.

후사비크Husavik. 한때 고래잡이가 주업인 항구 도시였는데, 지금은 어업, 소매업, 공업, 관광업으로 주요 산업이 바뀌고 있다고 한다. 이유는 1986년부터 국제포경위원회(International Whaling Commission, IWC)가 참고래, 밍크고래, 흰수염고래, 향유고래 등 13종의 고래 포획을 금지하고, 멸종위기 야생 동식물의 국제 거래에 관한 협약(the Convention on International Trade in Endangered Species of Wild Fauna and Flora, CITES)에 따라 상업적 거래를 금지해 놓았기 때문이다.

이런 국제적 규제와 산업 재편에도 아이슬란드의 포경행위는 여전히 활발하다. 2013년 12월 아이슬란드 정부가 5년 동안 770마리의 고래 포획을 승인해 국제 사회의 반발을 샀다. 또한 일본과 노르웨이는 종의 희귀성과 상품 가치 때문에 아이슬란드 고래를 수입하고 있다. 얼마 전 아이슬란드에서 일본으로 몰래 수출되던 고래 무더기가 캐나다 영해에서 적발되어 꽤나 시끄러웠다. 내가 갔을 때만 해도 후사비크 항구 부두에는 고래를 잡아 올릴 때 쓰는 거대한 크레인, 큰 고래 고기를 잘게 쪼개 운반할 수 있는 팔레트들이 곳곳에 있었고, 작은 마을임에도 고래 고기 식당이 성업 중인 것 같았다. 적어도 고래잡이가 제재를 받는다고는 볼 수 없었다.

레이캬비크에서 고래 고기를 먹으면서도 난 이 사실에 대해 아는 바가 없었다. 한국에 돌아와 알게 된 사실인데, 내가 먹은 것은 밍크고래였다(아이슬란드 식당에서 제공되는 고래 고기의 대부분은 밍크고래다). 여행도 어찌 보면 일상 순례의 연장이니, 내가 지구 생태계 문제에 대해 얼마나 무지하고 무심했는지를 한참 후에나 깨달은 셈이다. 부끄럽기도 하고 찝찝하기도 하고….

　　항구를 서성이는데 주룩주룩 비가 온다. 포구에는 배가 정박해 있고, 어부 아저씨는 부두 난간에 매달아 둔 말린 생선을 매만지고 있었다. 무슨 생선이냐고 묻자 아저씨는 대답은 않은 채 빙긋이 웃으며 돌아선다. 어부 아저씨도 아이슬란드식 실용주의(라고 자체 해석!). 그 장면에서 잠시 멈춰 송창식의 '고래사냥'을 듣는다. 그때 고래잡이 금지에 대해 알았더라면 마음 놓고 '자~ 떠나자 동해바다로~ 신화처럼 숨을 쉬는 고래 잡으러~'라고 외쳐대는 이 노래를 못 들었을 것 같다. 하지만 '술 마시고 노래하고 춤을 춰봐도 가슴에는 하나 가득 슬픔뿐이네' 이 대목은 비 내려 추적거리는 후사비크 거리를 위한 준비된 가사 같았다.

∞

Sound of silence

후사비크를 떠올리면 어머니 환갑 기념으로 떠난 두 번째 아이슬란드 여행이 떠오른다. 잠시 나의 어머니 얘기를 하자면, 음악을 유달리 좋아하셔서 지금도 장르를 가리지 않고 들으시는 분이다. 전문적인 음악 교육을 따로 받지는 않으셨지만 중고교 시절 작곡도 하고 합창 지휘도 하셨으며, 대학교 국문학도 시절에는 클래식 음악에 심취해 종로의 '르네상스'와 광교의 '아폴로'라는 음악감상실에서 거의 살다시피 하셨다고.

삶이 바쁘고 고달파지면서(어찌 보면 나를 키우셔야 했기에) 그때 그 시절처럼 주도적이고 열정적으로 음악을 찾아 듣지는 못 하시지만 지금도 클래식 라디오 채널에서 우연히 흘러나오는 클래식 곡의 거의 전 악장을 흥얼거리실 정도로 생생한 음결을 가지고 계신다. 생각해보면 나 어린 시절에도 베토벤, 모차르트, 브람스 등 어머니가 아끼는 LP판으로 클래식 음악을 들려주셨고, 당신이 나만을 위해 만든 노래를 불러주시는 등 내 귀를 틔어주는 일에 쉼이 없었던 것 같다. 어머니께 음악에 대한 열정을 물려받은 건지, 후천적으로 익히 접한 이유인지, 나 역시 다소 유별나게 음악과 밀착돼 살아온 것 같다.

사춘기 무렵부터였나. 나의 음악 사랑은 거의 중독이었다. 음악을 꽤나 좋아하는

어머니조차 나한테 질린다고 했을 정도니. 아마도 그 중독은 상처 받고, 지치고, 홀로 남겨졌다고 여겼던 한때 음악으로 위로 받았던 기억에 기인하는지 모른다. 어른이 된 지금도 새로운 것을 기획하거나 큰일을 시작할 때는 비틀스, 퀸, 마이클 잭슨, 데이빗 보위, 마돈나의 앨범을 집어 드는 버릇이 있다.(이 책을 시작하기 전에는 데이빗 보위 를 들었다.)

함께 종일 차를 타고 여행하던 중 후사비크에 다다르자 어머니는 급기야 이렇게 말했다. "진섭아, Sound of silence!" 그때까지 1분도 쉬지 않고 음악을 들었던 거다. 아 이러니하게도 그순간 내 음악적 스승은 '음악'이 아닌 '침묵의 소리'를 내게 화두로 던 지고 있었다.

음악을 잠시 멈추고 후사비크 고래 박물관까지 달렸는데 아쉽게도 문이 닫혀 있 다. 비 때문에고래 구경은 허탕이다. 포구에서 좀 떨어진 곳에 삼각지붕의 집들이 로 터리의 교회당과 어우러져 있다. 비슷한 크기로 지어진 집들인데도 획일적이란 생각 이 전혀 들지 않는다. 한 건물에 딜로이트Deloitte란 단어가 박혀 있다. 유명한 경영 컨 설팅 회사가 아이슬란드 북쪽의 이 고요한 마을까지…

∞

북부 아이슬란드의 수도,
아쿠레이리

후사비크를 떠나 한적한 해안 도로를 달리다 보니 쭉 뻗은 길 저 앞에 내가 꽤 큰 도시로 진입하고 있음을 일깨워주는 물체들이 보이기 시작한다. 이를테면 마을 초입에 있는 속도 측정 카메라 같은 것들. 도착한 곳은 북부 아이슬란드의 수도로 불리는 아쿠레이리Akureyri다.

긴 시간 운전으로 피로가 몰려와 우선 잠시 쉬고 싶었다. 아쿠레이리의 호텔 케아 Hotel Kea에 짐을 풀었다. 아이슬란드에서 묵었던 호텔들은 대부분 침대도, 욕실도 자그마하고 흰색과 회색을 주조로 한 단순하고 세련미가 있으면서 실용적인 디자인이었다. 장식을 배제한 단조로움 속에서도 고유의 멋을 갈무리해내는 듯했다. 누린다는 생각보단 편안하고 안전한 곳에서 평온하게 쉬고 있다는 느낌을 주는 호텔들이었다.

호텔을 나와 보니 왼쪽 비탈 위에 제법 큰 교회가 우뚝 서 있다. 올라가봤지만 역시 아무 표지판도, 간판도 없다. 돌이켜보면 마을마다 교회가 딱 하나밖에 없었던 것 같은데 만약 그렇다면 하나뿐인 교회에 굳이 간판을 붙일 필요는 없겠다. 예배당 안으로 노래 연습을 하는 사람들이 하나 둘 들어간다. 문 앞에서 안내하는 사람에게 물으니 저녁 6시에 작은 콘서트가 있단다. 원하면 들어오라고는 하는데 크게 반기는 것 같지는 않았다. 교회를 나와 언덕을 내려오다 보니 길가에 그래피티나 조형물들이 눈에 들어오는데 레이캬비크에서 보던 것과는 사뭇 느낌이 다르다. 사람 얼굴을 모티브로 한 벽그림 양쪽에 꽂힌 빨간 깃발은 마치 프로파간다 같고, 마당에 널린 나무 뿌리 모양의 받침대들은 서정시 같다.

BAUTINN
Hlíðarfjall
Motorhjólasafn Íslands
Motorcycle museum
For the whole family
OPEN
30
flór

끼니를 때우려 호텔 건너편 일식집에서 참치·연어초밥을 주문했다. 소바나 우동 국물을 기대했는데, 아쉽게도 얼마 전까지 제공하던 소바를 이제 안 준단다. 기대했던 따뜻한 국물이 없어선지 먹어도 먹은 것 같지가 않았다. 식당을 나와 거리를 따라 걸으니 노란 건물의 인디언 헛(커리 식당)이 보였다. 남은 허기를 달랠 겸 카레를 먹기로 했다. 20세 안팎으로 보이는 청년이 주문을 받는데 수줍은 듯 어딘가 어색하다. 이 일을 한 지 얼마 안 된 것 같다. 아님 천성이 맑고 고운 청년이겠지. 2,000여 ISK를 주고 일인 분을 포장해 호텔 방에 가지고 와 먹었다. 칼칼하고 매콤한 맛에 빠져 폭풍흡입! 카레가 입에 들어가자 온몸이 반기며 기뻐한다.

고래 관광(Whale watching) 매표소에 가보니 내일 아침 일찍 배가 떠난단다. 11,000ISK를 카드로 결제하고 때를 기다렸다. 아침 배를 타고 그린란드 해로 흘러 흘러 한 시간쯤 지났을 때, 가이드가 저걸 보라며 손짓한다. '철퍼덕~' 바다 표면을 치받고 검고 커다란 몸체가 드러났다. 생전 처음 보는 고래인데 크기가 타고 있는 배 정도 되는 것 같다. 검고 떡두꺼비같이 생겨 종을 물어보니 참고래란다. 후사비크에서 아쉽게 보지 못한 고래를 드디어 만날 수 있었다. 고래투어는 5월에서 9월 사이가 적격인데 때마침 내가 그때 방문한 것이다.

다시 아쿠레이리 시내로 돌아오니 아직 사람들이 한창 활동할 이른 오후인데도 거리가 한산하다. 책과 기념품, 음반 등을 파는 소형 백화점 에이문드손Eymundsson에 들러 바이킹 속담집, 작은 아이슬란드 화보, 아이슬란드 지명 사전 등을 사고 점원이 추천하는 음반도 몇 장 챙겼다. 역시 기념품의 유니버설 코드는 열쇠고리. 사랑, 평화 등을 나타내는 문양을 새긴 것과 아이슬란드 마을 이름이 담긴 노란 표지판 모양의 열쇠고리가 독특해 그것들도 집어 들었다. 카페에 들르자 한국에서처럼 청춘 남녀들이 커피 한 잔을 시켜놓고 책을 읽고 노트북 자판을 두드린다. 처음으로 많은 사람들과 마주쳤는데, 내 눈엔 여자고 남자고 모두 미인이다. 아이슬란드엔 미인이 참 많다!

아쿠레이리는 지금까지 지나온 마을 중 가장 번화한, 도시다운 도시다. 차 통행량도 많고 신호등도 곳곳에 있다. 식품 창고 차들도 여럿 지나간다. 이 나라 다른 지역에 사는 사람들이 이곳에 오면 혼잡하다고 할 법하다. 하지만 뽐내지 않고 의미를 크게 내세우지도 않는, 비슷하면서도 획일적이지 않은 건물들이 어우러져 절제된 아름다움을 자아내는 곳이었다.

아쿠레이리 홈페이지 www.visitakureyri.is/en
고래 투어 관련 정보 www.whalewatchingakureyri.is

©Iurie Belegurschi

아침 배를 타고 그린란드 해로 흘러 흘러 한 시간쯤 지났을
때, 가이드가 저걸 보라며 손짓한다. '철퍼덕~' 바다 표면을
치받고 검고 커다란 몸체가 드러났다. 생전 처음 보는
고래인데 크기가 타고 있는 배 정도 되는 것 같다. 검고
떡두꺼비같이 생겨 종을 물어보니 참고래란다.

©Iurie Belegurschi

후사비크
아쿠레이리
셀포스
데티포스
미바튼
세이디스
피오르드
그룬다피오르드
스티키스
호일무르
씽벨리르
국립공원
게이시르
귀들포스
바트나외퀴들
케플라비크
공항
레이캬비크
블루라군
회픈
스카프타페들
외쿨사룰론
셸야란즈포스
스코가포스
1번 도로
레이니스파라
비크

10

서쪽에서 만난 행성들,

그리고 오로라

스티키스호일무르 | 그룬다피오르드

STYKKISHÓLMUR · GRUNDARFJÖRÐUR

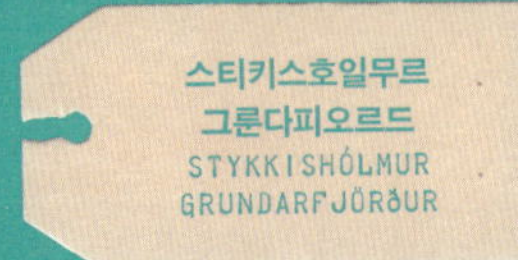

자연 속에 존재하는 거대하고 숭고한 사물이 불러일으키는
가장 강력한 감정은 경악astonishment이다.
경악은 우리 영혼의 움직임이 일시적으로 정지된 상태를 말하는데,
거기에는 약간의 공포가 수반된다.

에드먼드 버크Edmund Burke, 〈숭고와 아름다움의 이념의 기원에 대한 철학적 탐구〉에서

에드먼드 버크, 〈숭고와 아름다움의 이념의 기원에 대한 철학적 탐구〉, 김동훈 옮김, 마티, 2006

음악과 함께 여행하세요

데이빗 보위 David Bowie의 〈Nothing Has Changed〉

뮤지션, 영화배우, 화가, 선구자, 글램록Glam Rock, 스타맨Starman, 지기 스타더스트Ziggy Stardust, 라비린스 Labyrinth…. 영국 출신 뮤지션, 데이빗 보위를 상징하는 것들이다. 상상, 모험, 파격과 유행, 지구인과 우주인 사이 어딘가에서 독창적이고 독보적인 예술 세계를 펼쳐나간 데이빗 보위는 2016년 1월 10일 지구에서의 생을 마감하고 자신의 행성으로 돌아갔다.

앨범 〈Nothing Has Changed〉는 데이빗 보위의 약 50년 동안의 혁신적인 음악 종적들을 느낄 수 있는 베 스트 음반으로, 〈월터 미티〉의 상징 'Space Oddity', 영화 〈마션〉에 삽입된 'Starman', 글램록의 이정표 가 된 'Ziggy Stardust', 그리고 퀸과 함께 만든 'Under pressure' 등 총 38곡이 수록되어 있다. 영화 〈월터 미티〉에서 그린란드 신으로 등장했던 마을 스티키스호일무르부터 주인공 월터 미티가 질주했던 항구 그룬 다피오르드까지, 아이슬란드 서부에 길게 뻗은 54번 도로를 달리면서 노래 'Space Oddity', 'Loving The Alien', 'Modern Love', 'Heros'를 들었다. 그런가 하면 키르큐페들 산에서 쏟아지는 오로라를 만났을 땐 노 래 'Starman'과 함께였다. 여행에서 돌아와 이 곡들을 들을 때면 일상 속에도 그 풍광들이 덮쳐온다.

서쪽으로 늘어선 행성

아이슬란드 여행의 마지막을 향해간다. 아이슬란드 북서쪽, 땅이 들락날락거리는 서부 피오르드를 헤치고 나왔더니 정신이 혼미할 지경이다. 61번 도로를 따라 이사피오르드Ísafjörður를 거쳐 다시 60번 도로를 타고 내려왔는데, 도대체 몇 시간을 운전'만' 했고 얼마 동안 사람을 보지 못 했는지 기억도 가물가물하다.

60번 도로와 54번 도로가 만나는 지점에서 아이슬란드 서쪽으로 길게 늘어선 스나이페들스네스Snaefellsnes 반도로 들어선다. 너른 평원에 방목되어 있는 말들이 풀을 뜯거나, 혼자서 혹은 몇몇이 어울려 유유자적 거닐고 있다. 낮은 펜스를 넘어 차도까지 나온 말 한 마리가 장시간 혼자 달려온 나를 반기기라도 하는 양 다가온다. 인사를 건넨다. 아, 아이슬란드에 오니 자꾸만 동물에게 말을 거는 습관이 생겨버렸다.

무념무상의 여유가 나의 일탈을 부추겼나 보다. 펜스를 넘어 아무렇지 않게 도로로 걸어오는 말처럼, 나는 아무렇지 않게 농장 안으로 들어가 보았다. 이내 차 한 대가 달려 나오는 걸 보고서야 내가 누군가의 소유지에 함부로 침범했다는 것을 깨달았다. 상대에게 미안하다는 손짓을 하고 돌아 나오자 펜스 입구에 사람의 이름이 적힌 파란 표지판이 있다. 농장을 낀 도로를 지나다 보면 자그마한 표지판들이 보이는데, 거의 농장주 이름으로 짐작된다. 띄엄띄엄 집이 있으니 사람 이름이 길 이름이고 사람 이름이 곧 주소가 되기도 한다. 이름은 곧 영역이고 경계였다.

∞

항해자의 마을,
스티키스호일무르

나지막한 언덕길을 달리다가 창밖으로 고개를 돌려 바다를 내려다보니 작은 섬들이 잠길 듯 수평으로 떠 있다. 언덕 그림자 때문에 어두워진 바다 위에 들쑥날쑥한 피오르드 해안의 땅들이 마치 조각난 듯 흩어져 있는 것이다. 검은 바다 위에 나무 하나 없는 섬들이 떠다니는 모양이라니! '아름답다'는 말에서는 아무리 상상력을 뻗어도 여기와 맞을 거 같진 않다. 너무 아름답다는 뜻이 아니라, 내 미의식에서의 아름답다는 것과는 확실히 다른 광경이다. 옹기종기 어울리면서도 엄연히 떨어져 존재하는 것들이 만들어내는 독특한 아우라와 정취… 피오르드 해안의 군락 같은 섬들에 대해선 떠오르는 단어가 없다. 데스 밸리(Death Valley)가 아닌 데스 아일랜드(Death Island) 정도?

그렇게 달려 항구 마을, 스티키스호일무르Stykkishólmur에 도착한다. 스티키스호일무르는 항구에 위치한 커다란 돌의 이름인 '스티키스Stykkis'와 강가에 있는 땅(혹은 섬)을 의미하는 '호일무르hólmur'가 합쳐진 이름이다. 지도상에서는 스나이페들스네스 반도에서 위로 툭 튀어나온 곳이다. 해상 교통과 관광 산업을 기반으로 하여 발달한 마을이라 그런지 여객선과 유람선, 어선 등 다양한 크기의 배들이 항구에 정박해 있다. 이곳을 '돌섬 마을'이라기보다 '항해자의 마을'이라고 하면 어떨까 싶었다.

데이빗 보위의 노래 'Space Oddity'에 등장하는 톰 장군의 심정은 어땠을까를 생각해 봤다.

"Ground Control To Major Tom 지상관제소에서 톰 장군에게

Ground Control To Major Tom 지상관제소에서 톰 장군에게

Take Your Protein Pills And Put Your Helmet On (Ten) 단백질 알약을 복용하고 헬멧을 착용하십시오(10)

Ground(Nine) Control To Major Tom(Eight, Seven, Six) 지상관제소에서(9) 톰 장군에게(8, 7, 6)

Commencing(Five) 초읽기를 시작합니다(5)

Count down engines on(Four, Three, Two) 엔진을 가동합시다(4, 3, 2)

Check Ignition(One) 점화를 확인합니다(1)

And may god's love(Lift Off) Be with you. 신의 가호가 함께하길(이륙)"

-데이빗 보위 'Space Oddity' 中-

아이슬란드는 여행자에게 여전히 미답의 땅이다. 생각해보면 언어로 소통 가능하다는 것은 공유된 경험이 있기 때문 아니던가. 그러나 미답의 세계, 아주 새롭고 다른 광경 앞에서는 사람들과 나눌 말을 찾아낼 수가 없다. 신세계니, 다른 행성 같다느니, 뭐 그런 거 말고는. 아이슬란드의 주민들은 이런 자연을 어떻다고 표현하는지 알고 싶다.

움푹 들어간 해안을 끼고 한참을 돌아 마을 교회당 있는 곳에 올라 주차를 하고 섬들을 내려다보았다. 조금 전 산기슭에서 내려다본 섬 군락의 다른 앵글을 보리라 기대했는데 생판 다른, 만에 자리 잡은 산뜻한 마을 풍경이 기다리고 있다. 아까 그 수평으로 떠 있던 수많은 검은 섬들은 어디로 사라진 거지? 혹시 환상을 보았나.

또 다른 곳에서 내려다보니 손바닥만 한 섬 위에 여러 채의 집이 옹기종기 모여 작은 마을을 형성하고 있었다. 우리네 한적한 시골 마을 정도인가 싶어 언덕 위에 마냥 서 있고 싶은데 바람이 매서웠다. '정신차려! 여기 아직 아이슬란드야' 발길을 서두르라고 재촉하는 것 같았다.

∞

<h1 style="text-align:center">월터가 착륙한 땅,
그룬다피오르드</h1>

스티키스호일무르에서 남서쪽 방향으로 좀 더 이동하면 작은 어촌 마을인 그룬다
피오르드Grundarfjörður에 이른다. 고래등 같은 능선을 한 구릉지를 배경으로 빨간 지붕
의 집 두 채가 놓여 있다. 활주로처럼 길게 뻗은 도로를 지나니 이곳 역시 많은 배들이
항구에 닻을 내리고 있다. 스티키스호일무르의 바다는 검푸른 느낌이었는데, 그룬다
피오르드는 왠지 환하다.

영화 〈월터 미티〉에서 주인공 월터가 아이슬란드에 첫발을 내디딘 항구와 자전거
로 질주했던 도로가 바로 이곳에 있다. 영화 속 장면처럼 나도 차에서 내려 냅다 달려
본다. 맑고 상쾌한 공기가 사이다다!

그룬다피오르드의 한 호텔에 체크인을 하고 키르큐페들Kirkjufell로 걸어갔다. 나선
으로 회오리치면서 만들어진 원뿔 모양의 황토색 오름, 키르큐페들은 '교회산(Church
Mountain)'이란 뜻이다. 교회탑처럼 우뚝 솟은 모습 때문에 붙은 별칭이라는데, 신기
하게 이 산에 요정이 산다는 전설도 전해진다. 그냥 지나가다가도(유명한 건지 모르
더라도) 독특한 생김새 때문에 사진을 안 찍을 수가 없다. 그래서인지 이 산은 아이슬
란드에서 가장 많이 촬영된 산이라고 한다. 높이가 463m라 가볍게 하이킹하기에도
좋고 곳곳에 눈이 녹으며 흘러내리는 작은 폭포들도 있었다.

Stykkishólmur I Grundarfjörður

영화 〈월터 미티〉에서 주인공 월터가
아이슬란드에 첫발을 내디딘 항구와 자전거로
질주했던 도로가 바로 이곳에 있다.
영화 속 장면처럼 나도 차에서 내려 냅다
달려본다. 맑고 상쾌한 공기가 사이다다!

∞

키르큐페들에서 만난
오로라

새벽 1시 정도 되었을까? 불현듯 눈이 떠져 옷가지를 챙기고는 키르큐페들로 걸어갔다. 낮에 호텔 직원이 오늘은 오로라를 볼 수 있다고 했는데 매번 실패를 거듭했던 터라 큰 기대를 하지는 않았다. 그래도 한편엔 '혹시 오늘은?' 하는 마음이 있었나 보다. 고단한 여정, 새벽 1시에 알람 없이 깬다는 건 오로라만큼 기적 같은 일이니까. 발걸음을 재촉하며 '아, 오늘은 꼭 좀 봤으면 좋겠다! 오로라…' 간절히 희망했다. 사실 난 링로드를 다 돌 때까지 오로라를 못 보았을 뿐 아니라, 첫 번째, 두 번째 여행까지 오로라를 계속 만나지 못한 터였다. 여행 때마다 오로라 사냥꾼처럼 밤마다 때를 기다렸건만, 하늘은 내게 쉽게 마음을 열지 않았다.

미리 사둔 맥주 한 캔을 마시며 칠흑 같은 어둠 속을 걸었다. 한밤중에 걷는 그룬다피오르드의 공기는 침착하다. 고요한 마을에서 간혹 불 켜진 집들이 가로수 역할을 해주며 가는 길의 이정표가 되어준다. 그렇게 키르큐페들에 다다를 무렵 갑자기 하늘 저편에 녹색 섬광이 일더니 모락모락 피어난다.

"오, 오로라다!"

탄성이 입 밖으로 터져 나온다. 내가 드디어 오로라를 뵙는구나! 요정들이 빛의 요술을 부려놓은 듯 시시각각 다른 차원의 세계가 열렸다 닫힌다. 그 세력이 점차 커지더니 하늘에 초록 섬광의 향연이 펼쳐진다. 어떤 때는 키르큐페들 부근에서 활짝 피어나 초록빛 날개를 선물하고, 어떤 때는 하늘을 기로질러 내가 있는 곳과 저편의 세계를 이등분한다. 플라즈마 입자들이 마법의 세례를 내리는 그 순간, 바닥에 누워 경외감으로 하염없이 바라본다. 이룬 건 없지만 다 이룬 것 같다. 이 여행이든, 내 생이든, 순간 모든 걸 다 이룬 듯한 착각이 든다. 훗날 내 사랑하는 이와, 또 언젠가 태어날 내 사랑하는 아이와 이렇게 누워 다시 한 번 마주하기를 꿈꾼다. 내 생의 마지막이 다가올 때 즈음도 괜찮겠다. 난 여전히 아이슬란드를 꿈꾼다.

돌아오는 길에 영화 〈마션(The Martian, 2015)〉에 나왔던 데이빗 보위의 노래 'Starman'을 들었다. 전자기타의 음향이 온몸으로 퍼질 때 나는 속삭였다. "오, 미스터 리움 트레멘둠!"

"There's Starman waiting in the sky 하늘에서 기다리는 스타맨이 있어

He'd Like to come and meet us 그는 여기로 와서 우리를 만나려해

…

Cause He Knows it's all worth while 이 모든 것이 가치가 있다는 걸 알았으니까"

-데이빗 보위 'Starman' 中-

©Iurie Belegurschi

스티키스호일무르와
그룬다피오르드 즐기기

스나이페들스네스 반도에 놓인 두 항구,
스티키스호일무르와 그룬다피오르드는 퍼핀(Puffin) 투어, 고래 탐험,
서부 피오르드 관광 등 해상 교통을 이용한 관광상품이 많다.

스티키스호일무르 홈페이지
www.stykkisholmur.is/thjonustan/tourist-info/eden-destination

그룬다피오르드 홈페이지
www.west.is/en/west-iceland-regions/grundarfjordur

Stykkishólmur I Grundarfjörður

후사비크
아쿠레이리
셀포스
데티포스
미바튼
세이디스
피오르드
스티키스
호일무르
그룬다피오르드
바트나외퀴들
회픈
씽벨리르
국립공원
게이시르
귀들포스
캐플라비크
공항
스카프타페들
외쿨사룰론
레이캬비크
블루라군
셀야란즈포스
1번 도로
스코가포스
레이니스파라
비크

11

청백색 낙원

블루 라군
BLUE LAGOON

#블루라군 #힐링 #구름맥주 #마법 #낭만적
#파우더블루 #powderblue

갑자기 이 세상의 것 같지 않은 목소리가
먼 둔덕 기슭으로부터 올려왔나니
물결은 갑자기 고요해지고, 그윽한 소리는
내게 이런 말을 들려주었다.
"오 시간이여, 운행을 멈추고,
너, 행복한 시절이여, 흐름을 멈추라!
우리네 일생의 가장 아름다운 날들의
덧없는 기쁨이나마 맛보게 하라…"

알퐁스 드 라마르틴Alphonse de Lamartine, 〈호수Le Lac〉에서

음악과 함께 여행하세요.

콜드플레이 Coldplay 〈Ghost Stories〉

영국 출신 슈퍼스타 밴드 콜드플레이의 음악은 간명한 멜로디와 서정적인 가사를 담고 있다. 'Fix You', 'Speed Of Sound', 'Yellow', 'In my place', 'Every teardrop is a waterfall' 같은 곡들이 오랫동안 전 세계 음악 팬들에게 꾸준히 사랑을 받아 온 것도 이 때문이라 생각한다.

앨범 〈Ghost Stories〉는 밴드 리더 크리스 마틴 Chris Martin이 자신의 반려자였던 귀네스 팰트로 Gwyneth Paltrow와 의도적인 연합 해제(Conscious Uncoupling) 후 발표한 콜드플레이의 다섯 번째 정규 앨범이다.

수록 곡 'Always in my mind', 'Magic', 'Midnight', 'Oceans', 'Ink', 'A sky full of stars' 등에는 이별의 슬픔과 고통을 행복으로 치환하는 마법 에너지가 숨어 있다. 앨범 전체가 정화와 힐링, 카타르시스 그 자체라고 봐도 무방할 것 같다.

블루 라군에서 하늘을 바라보며 온천욕을 즐긴 후 'Magic'과 'Oceans'를 듣는 것은 힐링의 끝판왕이다. 한 커플의 이별 음악이 온천수처럼 따뜻하고 하늘만큼 편안하다니! 헤어졌기에 평온하고 자유로워지는 것일까? 이 치유의 묘약을 만들기 위해 저들은 의식적으로 상대를 놓아주었다는 것인가. 아니면 사랑이라는 신비의 묘약을 멜로디 사이에 남겨 두었기 때문인 것인가.

청백색 천국에 내가 있네

수도 레이캬비크에서 약 39km, 케플라비크 국제공항에서 약 13km 떨어진 블루 라군 Blue Lagoon은 아이슬란드 여행의 별미라 할 수 있는 초대형 유황 노천 온천장이다. 미 바튼의 네이처 배스Mývatn Nature bath가 자연 그대로의 욕조라면, 블루 라군은 자연을 '자연스럽게' 다듬은 대작(大作)이라 할 수 있다.

아이슬란드는 말 그대로 '얼음 땅'이런 뜻이지만 지열을 이용해 전기를 생산할 만큼 땅이 뜨겁다. 블루 라군은 지열발전지대(라바 필드)에서 지열 발전에 사용한 물을 재활용하는 대규모 온천시설이다. 시설 정보를 보니 총면적 5,000m² 정도에 수백 명이 동시에 들어갈 수 있는 규모이며 하루에 절반씩 물갈이를 해 37~39℃의 수온을 항상 유지시킨단다.

주차장에서 건물을 향해 가는 길은 검은 화산암 들판에서 돌들을 걷어내고 만든 것. 본래 거기 있었던 것 같은 검은 둔덕과 그 사이 놓인 길은 그리 길지 않은데도 아늑하기보다 아득하다. 불과 엊그제 만년설을 삽질해 겨우 길을 내고 이곳까지 달려왔는데 여기는 눈 대신 용암이다. 빌딩 앞 다른 편에는 용암 벌판에 조성한 석호가 있는데 보는 것만으로도 탄성이 나온다. 필경 인위적으로 다듬은 공간일 텐데 거친 듯 기괴한 모양을 살려 날것의 자연 같다.

실제 건축가들이 블루 라군을 구상할 때, 천연 자원과 주변 환경을 디자인에 적극 활용했다고 한다. 계절에 따른 북유럽 햇빛의 변화를 관찰하고, 화산암과 목재 등 주재료를 탐구한 끝에 내부와 외부를 한 세트의 자연으로 완성하면서 블루 라군을 신비하고 우아한 세기의 건축물로 탄생시킨 것이다. 건축과 디자인에 문외한이지만 자연을 되도록 그대로 두고 인간의 손길과 숨결을 살짝만 더했을 때 그 빛을 발한다고 생각한다.

사람들이 즐겨 찾는 대규모 휴양지임을 증명하듯 입장권을 사는 입구부터 체계가 잡혔다는 느낌이 확 든다. 입장료 30유로, 타월 대여료 5유로. 유로존이다. 팔에 초록색 혹은 파란색 RF(Radio Frequency) 팔찌를 채워주는데, 이게 입장할 때부터 이곳을 떠나기 전까지 착용해야 할 임시 신분증이 된다. 블루 라군 스파 입장. 탈의실, 샤워실 등 시설이 여느 호텔과 견주어도 손색이 없고 수시로 바닥 청소를 해 깔끔하고 쾌적하다.

온천장에 들어서니, 아니, 옥외 온천장으로 나가니 낙원의 한 장면이 펼쳐졌다. 하늘과 물, 구름과 연기가 색의 편대를 이뤄 만들어내는 청백색 낙원이다. 우유를 탄 듯 뿌옇고 푸른 물빛과 온천장을 둘러싼 검은 용암 담장은 절묘한 대비를 이룬다. 블루 라군의 우윳빛 감도는 푸른색 물은 규소 등 미네랄 성분과 해조류 등 때문이라고 한다. 온천장 안에는 누구나 실리카 머드팩을 할 수 있도록 탁자를 설치하고 머드를 담은 상자를 놓아두었다. 멀리 산들을 바라보며 검은 용암에 둘러싸인 가운데 머리는 싸늘한 바람에, 몸은 따뜻한 물속에 맡기고 천상의 순간을 맛보는 게 꿈속을 떠도는 같다. 건·습식 사우나장은 물론 어깨 마사지를 위한 작은 폭포, 그리고 노천 온천에서도 아늑한 공간을 찾고 싶은 이들을 위한 동굴도 있다. 비집고 들어가 잠시 은둔을 즐겼다. 물 위의 간이상점에서는 맥주, 와인 등 마실 것을 팔았다. 맥주를 한 잔, 와인도 한 잔, 그리고 구름 한 잔으로 축배를! 아이슬란드에서의 모든 시간이 완전해진다.

천국이 따로 없는 풍경에 더할 수 없이 평온한 느낌. 현지인과 관광객이 섞여 아이슬란드어와 영어 그리고 중국어가 뿌옇게 피어오르는 수증기 입자와 함께 떠돈다. 이 황홀함을 어찌 놓치랴. 셀카, 햇살, 구름, 온천 곳곳… 까짓, 스마트폰 카메라인데 필름값 나가는 것도 아니고 마구 찍어댄다. 가끔 인생 사진이라도 건진 이들의 환호 소리도 온천장에 퍼진다(블루 라군에서는 웬만하면 인생샷 건진다!). 이제

Blue Lagoon

#Bluelagoon(해시태그 블루라군) 꼬리표를 달고 장소까지 체크인하면 SNS로 업로드 완료! 이 점 같은 순간은 라군의 증기처럼 이내 사라질 테지만 기억의 복사본들이 '나 거기 있었다네' 증인이 되겠지.

　블루 라군 전체를 바라볼 수 있는 라운지로 들어왔다. 통유리에 걸러진 빛이 안락의자를 비추고, 알맞은 명도에 난 더 편안해졌다. 콜드플레이의 'Always in my mind'와 'Midnight'을 연속해 들으니 여독이 풀린 듯 몸과 마음이 나른해진다. 눈을 감으니 아이슬란드에 머물렀던 곳들이 하나 둘 스쳐… 아, 스르르 잠에 빠진다.

∞

또다시 Magic

이제 곧 케플라비크 공항 렌터카 센터에 차를 돌려주고 아이슬란드와 작별해야 한다. 집에 가기 위해 아이슬란드 상공을 날 때 나는 이 이상하고 아름다운 나라로 나를 홀려낸 마법에서 풀려나 있을 것이다. 그러나 다시 또 다른 마법에 걸려들기를 바라며, 헤드폰을 꼈다.

Gull
"Call It Magic or Call It True
Still Believe in Magic?....
Well Yes I Do,
Of Course I do."
– 콜드플레이 'Magic' 中

Blue Lagoon

블루 라군
제대로 즐기기

운영 기간 1년 내내
입장료 40~195유로 (성인 요금 기준)
　　수건 등 대여, 음료 쿠폰, 스파 제품 사용 여부 등 옵션에 따라 가격 차이가 나고
　　여름철과 겨울철의 입장료가 다르다. 방문 전 온라인 예약을 하여 할인 혜택을 받자.
　　현장에서 결제할 경우 요금이 더 부과된다.
준비물 수영복 및 수건 등
　　현지에서도 대여해주기는 하지만 미리 준비해가는 게 더 좋다.
블루 라군 홈페이지 www.bluelagoon.com

블루 라군은 레이캬비크와 케플라비크 공항 부근에 있어 많은 사람들이 찾는
휴양지다. 아이슬란드 여행 일정이 닷새 이상인 사람들에게는 여행을 모두
마친 후 여독을 푸는 코스로 일정을 잡는 게 좋다. 블루 라군을 세 번 방문했던
나는 반나절 머물기는 조금 아쉬운 감이 있었고, 하루 정도 머물자니 좀 지루한
감이 있었다. 아침에 들어가 바에서 점심과 음료를 즐긴 후 오후 3시 정도까지
블루 라군을 만끽하고 나오는 게 딱 알맞았다. 또한 블루 라군은 세계적인 온천
리조트라는 명성에 걸맞게 인근에 숙박, 휴게, 편의 시설 등이 잘 갖춰져 있다.
이 도시를 여유롭게 즐기면서 주변의 이색적인 화산암 벌판을 돌아다녀보자.
아래 네 가지 팁을 적극 활용하면 블루 라군의 재미는 배가 된다.

①　사방의 물을 헤집고 다니며 블루 라군을 누벼보자.

②　온천물에 몸을 담근 채 시원한 와인이나 맥주, 음료수를 즐겨보자.

③　각종 머드팩과 마사지 제품을 이용해보라. 여독을 풀어주고 지친 피부에 윤기가
살아난다.

④　라운지에서 따뜻한 햇살을 맞으며 콜드플레이의 앨범 〈Ghost Stories〉를 감상한다.

①

꼭 필요한 것들만 짚어 본

아이슬란드
여행 정보

아이슬란드 여행을 결심했다면 본격적인 여행준비를 시작해야 한다.

인터넷 정보도 뒤져보고 상세 버전의 가이드북도 필요하겠지만 그보다

먼저, 방대한 여행 정보들을 접하기 전에 일종의 포인트 레슨처럼 몇 가지만

전하고자 한다. 세 번의 아이슬란드 여행에서 발생한 나의 숱한 시행착오들,

아이슬란드 초보자라면 나처럼 겪을 수밖에 없는 실수들을 기반으로 가장

적절한 솔루션을 마련해보았다. 내가 정리할 수 없는 내용에 대해서는 나의

아이슬란드 친구들과 수없이 메일을 주고받으며 업데이트 했다. 좀 더

정확하고 리얼한 정보가 될 수 있기를…

꽤 많은 시간을 할애하여 이 장을 마련했다.

아이슬란드 공화국
Republic Of Iceland

위치　북위 63°20'부터 66°33'까지, 서경 13°30'부터 24°32'까지

시차　GMT+0, 한국보다 9시간 느림

기온　수도 레이캬비크 기준

12~3월 평균 기온은 −3~1.9℃ 정도다.

*따뜻한 멕시코만류 덕분에 우리나라 겨울에 비해 춥지는 않으나, 산악과 해안에서는 기온과 상관없이 습기와 강풍 때문에 체감온도가 영하 10℃ 이하까지 떨어진다.

4~7월 평균기온이 점점 올라가고, 7월 평균 기온이 9~14℃ 사이다.

8~11월 평균기온이 점점 낮아지면서 겨울철로 돌입하는 시기다.

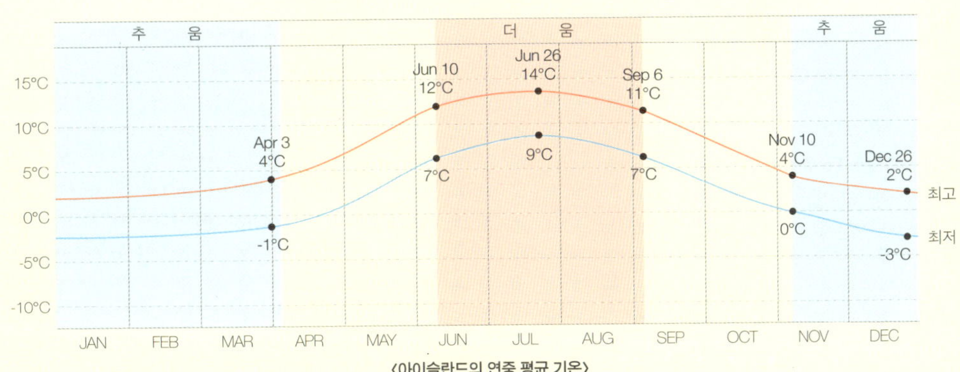

〈아이슬란드의 연중 평균 기온〉

출처 https://weatherspark.com/averages/27562/Reykjavik-Capital-Region-Iceland

일조량

- 3월부터 일조량이 늘다가 7월부터 줄어든다(약 12~21시간).
- 5월 말에서 8월 초까진 백야(밤에 어두워지지 않는 현상)가 나타난다.
- 9월부터 일조량이 급격히 줄어든다(12~4시간).

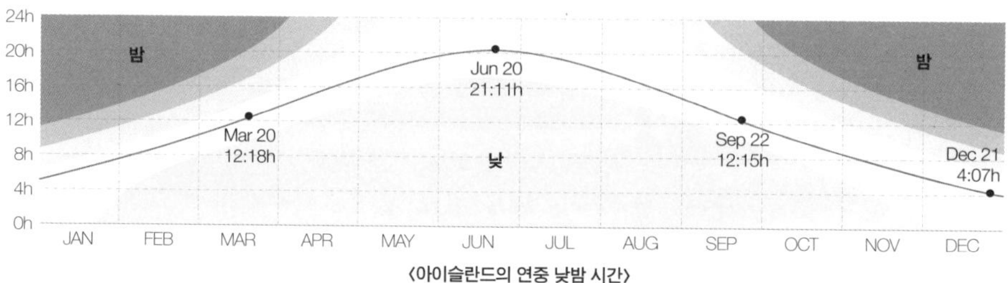

〈아이슬란드의 연중 낮밤 시간〉

여행하기 좋은 계절

● 여름철(4월 말~9월 초)

여름철 여행자들만의 특권은 꽤 많다. 따뜻한 상태에서 아이슬란드 경관을 즐길 수 있는 것, 경이로운 웨스트피오르드와 활화산 지대인 하이랜드를 경험할 수 있다는 것, 고래투어가 활발하게 이루어지는 시즌이라는 것 등이다. 단, 일조량이 많은 장점 대신 백야 시즌과 겹칠 때라 오로라 관측이 힘들고, 빙하가 녹는 시기라 바트나외퀴들 빙하 동굴의 관람도 어렵다.

● 겨울철(9월 말~4월 초)

오로라 관측이 아이슬란드 여행의 주목적이라면 이 시기에 떠나자. 날씨가 맑으면 아이슬란드 전역에서 관측 가능하나, 본격적인 겨울 시즌(12~3월)에 관측이 더 쉽다. 겨울철은 아이슬란드를 가장 아이슬란드답게, 온 세계가 하얗게 덮이는 시즌이며, 바트나외퀴들 빙하 동굴 관람이 가능하고, 겨울철 레저를 즐기기도 좋다.

단, 이 시기에는 하이랜드나 웨스트피오르드 진입이 어렵다. 도로에 눈에 많이 쌓여 육안으로 확인 불가한 경우가 많으며 통제된 곳도 있다. 만약 무리하게 진입했다가 사고가 날 경우 '하이랜드 진입 가능'이라고 적힌 차량이더라도 보험 처리가 안 되는 경우가 많다.

아이슬란드 오로라 여행

태양 흑점의 활동으로 날아온 입자들이 지구 자기에 끌려 지구 자극(N극, S극) 주변에서 공기 분자와 충돌하여 빛을 내는 현상이 바로 오로라다. 하지만 아이슬란드 여행의 백미인 오로라를 관측하는 게 그리 쉽지만은 않다. 다음 조건이 맞으면 아이슬란드에서 오로라를 볼 수 있는 확률은 높아진다.

- **지역**   북반구와 남반구의 고위도(65° 이상) 지역에 위치할 것. 즉, 아이슬란드의 경우 전역이 오로라 관측 가능 지역이다.
- **시기**   9월 말~ 4월 초 + 달의 생성기 및 소멸기 (보름달일 때는 오로라 관측이 힘듦)
- **기상 조건** 맑고 구름이 적은 날씨
- **장소**   인공광이 적은 탁 트인 지대

아이슬란드 현지에서 오로라 투어 프로그램을 활용하거나 캠핑, 렌터카 등을 통해 밤 11시~새벽 3시대에 오로라를 관측하는 경우가 많다. 단 아이슬란드 날씨는 변덕이 심해, 위의 조건이 다 맞더라도 반드시 오로라를 관측할 수 있는 것은 아니다. 때문에 현지에서 수시로 오로라 예보 사이트를 체크하는 것이 좋다.

● 오로라 예보 사이트

http://en.vedur.is/weather/forecasts/aurora

아이슬란드 렌터카
자유여행

아이슬란드 여행은 현지의 투어 버스를 이용해도 좋지만,
한가한 1번 도로를 자유롭게 내달리는 렌터카 자유 여행이 백미라
할 수 있다. 세 번의 여행 모두 렌터카로 자유여행을 하면서
직접 겪은 경험치들을 모두 공유한다.

렌터카 활용법

케플라비크 공항에는 허츠Hertz, 에이비스Avis, 식스트Sixt 등 다국적 렌터카 업체들이 있으며 해당 홈페이지를 통해 사전 예약이 가능하다. 또는 '가이드투아이슬란드(https://guidetoiceland.is)'에서도 렌터가를 예약할 수 있는데, 수동·자동 변속, 경유·휘발유, 보험사항, 하이랜드 진입 가능 차량 여부, 차량 픽업 장소 등을 잘 체크해야 한다.

차량을 직접 운전할 때는 계절별로 주의사항이 조금 다르다. 여름에는 길가에 있는 돌이나 자갈이 튈 수 있고, 겨울에는 빙판이 심해 주의를 기울이며 방어운전을 해야 하는 식이다. 차를 빌릴 때는 시간이 좀 걸리더라도 보험사항을 잘 읽어보자. 그리고 수시로 현지 기온과 풍속, 도로사정과 오로라 지수 등을 검색하면서 항상 유사시를 대비하자.

● 운전에 도움이 되는 사이트
아이슬란드 교통국 www.vegagerdin.is/english
아이슬란드 기상청 http://en.vedur.is/

렌터카 보험 참고사항

아무 탈 없이 운전하는 것이 1순위지만, 아이슬란드의 변덕스러운 날씨를 생각했을 땐 빌린 차에 손상이 가는 것을 대비해 보험을 잘 들어두어야 한다. 만약을 위해 들어두는 것이니, 운전 시 절대 과속하지 않고 방어운전을 하는 것이 가장 중요하다.

● 기본 보험 Third party insurance / Loss damage waiver
제3자에 의한 피해에 대한 보험(TPI)과 렌터카 파손에 대한 보험(LDW)은 렌터카의 기본 보험이라 렌터카 회사가 서비스로 제공하는 경우가 많다. 하지만 아이슬란드에서는 이 두 보험만으로는 불충분하며, 자갈보험, 모래&화산재 보험을 반드시 드는 게 좋다.

● 자갈 보험 Gravel Insurance
〈꽃보다 청춘-아이슬란드〉 편에서 강하늘은 1번 도로에서 운전을 하다 옆 차 바퀴에서 자갈이 튀어 유리창이 깨지는 사고를 겪는다. 아이슬란드에는 화산 활동으로 인해 자갈 파편이나 침식된 돌덩이들이 여기저기 있는데, 운전할 때 그 파편들이 튀어 차량에 피해를 주는 경우가 생긴다. 이를 대비해 자갈 보험을 들어야 한다.

● 모래&화산재 보험 Sand&Ash Protection
강풍이 불 때 도로 주변의 검은 모래나 화산재들이 달리는 차에 심한 흠집을 낼 수 있다. 혹은 영화 〈월터 미티〉 속 장면처럼 실제 화산이 폭발해 그 여파로 차를 엉망으로 만들 수도 있는데, 모래&화산재 보험은 이를 대비하기 위한 것이다. 특히 주행 시 바람에 실린 모래나 화산재가 차에 흠집을 낼 때는 전방, 후방, 바디 등 차의 여러 면에 상처를 줄 수 있으므로 더욱 조심해야 한다. 렌터카 업체에서도 최대 보상 금액만 명시하고, 풀 커버리지 보험을 적용 안 하는 경우도 있으니 별도 보험을 들어두는 게 좋겠다.

TIP 강풍과 함께 화산재가 날아오는 것이 육안으로 확인이 가능할 경우, 잠시 달리던 것을 멈추거나 차와 닿는 표면적을 최소화하는 것도 중요하다.

● 풀 커버 보험 Full Coverage

풀 커버 보험은 기본 보험 2종류와 자갈 보험, 모래&화산재 보험이 결합된 상품이다. 렌터카 회사마다 정책이 조금씩 달라 풀 커버 보험이 있는 곳도 있고, 제한적으로 보장해주는 곳도 있다.

● 자기 면책금 환불상품

자기 면책금 환불상품은 렌터카 예약 시 기본적으로 가입되어 있는 보험으로 커버가 안 되는 부분까지 보상을 해 주는 상품이다. 또한 사고가 발생하면 일단 현지에서 자신의 카드로 결제를 하고 귀국 후 보험사에 청구하면 1개월 이내에 모두 보상을 받게 되는 프로그램이다. 가격도 저렴한 편이라 풀커버 보험보다, 모래&화산재 보험과 자갈보험을 들고 이 상품을 추가로 드는 것이 더 저렴하다.

TIP 사고 시 반드시 인증샷을 충분히 남길 것. 또한 한도가 넉넉한 여분의 신용카드를 미리 준비해가는 게 좋다. 신용카드가 한 개뿐인 경우, 한도가 초과되어 난감한 경우를 꽤 보았다.

● 자기 면책금 환불상품 가입 사이트

www.insurance4carhire.com
www.rentalcars.com

렌터카 주유방법

아이슬란드의 주유소는 대부분 무인주유 시스템이다. 결제도 신용카드로 바로 가능하다. 먼저 주유기에 신용카드를 넣고 비밀번호Pin Code를 입력한 후 주유 가격을 입력하는 방식이다. 입력한 금액보다 실제 주유 금액이 적을 때는 당황하지 말고 영수증 출력을 해보면 주유 금액만 청구된 것을 볼 수 있다. 혼유 사고가 발생하지 않도록 경유와 휘발유를 잘 구분하여 주유해야 하며, 우리나라와 다르게 간혹 경유가 휘발유보다 비싼 경우도 있다.

자유여행 추천 코스

렌터카 여행은 소요비용이 만만치 않다. 4~5일 렌터카 비용이 거의 비행기 값에 육박할 정도. 때문에 예산 계획을 잘 세워야 한다. 목적지 중간중간에 빙하 트레킹, 바트나외퀴들, 얼음동굴, 고래 탐험 등 자신이 즐기고 싶은 투어 상품을 선택하여 일정에 반영하는 게 좋다.

● 속성 코스 (3~5일)

레이캬비크 주변을 둘러보는 일정

레이캬비크 시내 (1~2일) ▸ 골든 서클 (1일) ▸ 스나이페들스네스 반도 (1일) ▸ 블루 라군 (1일)

● 링 로드 코스 (7~10일)

아이슬란드 외곽을 둘러싼 1번 도로(링로드)를 따라 여행하는 일정. 서쪽에서 동쪽으로 이동해서 한 바퀴를 도는 코스로, 동쪽부터 서쪽으로 한 바퀴를 돌고 싶다면 아래 코스의 역순으로 이동하면 된다. 여행 스타일과 체류 기간에 따라 3~4일 정도는 차이가 날 수 있다.

레이캬비크 (2일) ▸ 골든 서클 (1일) ▸ 레이니스파라⋯비크 (1일) ▸ 스카프타페들/바트나외퀴들 ⋯ 외쿨사를론 (2일) ▸ 동부피오르드 ⋯ 데티포스 ⋯ 미바튼 (2일) ▸ 후사비크 ⋯ 고다포스 ⋯ 아쿠레이리 (1일) ▸ 그룬다피오르드 (1일) ▸ 레이캬비크/블루 라군 (1일)

TIP 블루라군은 여정의 맨 마지막에!

블루라군이 수도인 레이캬비크와 가까운 곳에 위치하기 때문에 첫 여정을 레이캬비크로 시작한 후 바로 블루라군에 들를 수도 있다. 하지만 블루라군은 맨 마지막 일정에 넣어두기를 추천한다. 아이슬란드의 모든 여정을 마치고 출국하는 날, 혹은 그 전날 블루라군에 들러 여행의 피로를 말끔히 풀어주는 게 좋다.

● 어드벤처 코스 (15~30일)

아이슬란드 내륙부터 서부 피오르드 지역까지 여행하는 고난이도 일정. 웨스트피오르드 진입 시 차량에 기름을 가득 채우는 것이 필수다.

레이캬비크 ▸ 그룬다피오르드 ▸ 웨스트피오르드 ▸ 아쿠레이리 ▸ 842번 도로 ▸ F26 도로 (*하이랜드 코스) ▸ 레이니스파라 ▸ 비크 ▸ 외쿨사를론 ▸ 스카프타

페들 ▶ 데티포스 ▶ 미바튼 ▶ 후사비크 ▶ 고다포스 ▶ 아
쿠레이리 ▶ 레이캬비크 ▶ 블루 라군

자유여행 시 참고할 만한 투어

● **고래 투어** Whale Watching Tour
수도인 레이캬비크 부근이나, 북부에 위치한 아쿠레
이리, 후사비크 같은 도시에서 고래 투어 서비스를
제공한다. 배를 타고 고래 관측 지역까지 나가보면
파도를 뚫고 포효하는 어마어마한 크기의 고래 모습
을 눈으로 직접 볼 수 있다.
연중 가능 시기 3~10월 (파도가 세거나 날씨 사정
등으로 운항을 쉬기도 한다. 여행사마다 일정 차이
가 있으므로 별도로 체크한다.)
투어 소요 시간 3시간

● **빙하 하이킹 투어**
영화 〈인터스텔라〉의 촬영지로 유명한 바트나외퀴
들의 환상적인 빙하의 갈래와 스비나페들스외퀴들
의 푸른 얼음을 가로질러 트레킹히는 코스다.
연중 가능 시기 1 ~9월
투어 소요 시간 3~5시간 (코스에 따라 시간은 유동
적이다.)

● **화산 내부 투어**
4000여 년 동안 휴화산이었던 쓰리흐누카기구르
Thrihnukagigur 화산 내부를 투어하는 것으로 예약 가
능 인원이 매우 제한적이므로 최대한 빨리 예약하자.
연중 가능 시기 5~9월
투어 소요 시간 6시간

활용해 볼 만한 패키지 투어

● **'블루라군-골든서클' 투어 패키지**
아이슬란드에서 가장 인기 있는 관광 명소, 블루 라
군과 골든 서클(씽벨리르 국립 공원, 귀들포스, 게
이시르)을 둘러보는 패키지 상품이다. 패키지 투어
시에도 블루라군 입장료는 별도로 받으므로 예산에
반영하도록 하자.
연중 가능 시기 1년 내내
투어 소요 기간 1일 (약 10시간)

● **'얼음동굴-오로라-골든 서클-블루 라군'
투어 패키지**
아이슬란드 동부에 위치한 빙하지대, 외쿨사를론을
넘어 바트나외퀴들 국립공원까지 둘러보는 코스. 사
람의 손길이 거의 닿지 않은 숨겨진 얼음 동굴을 방
문한 후 밤에는 오로라 탐험을 한다. 더불어 폭포,
간헐천, 빙하, 검은 모래 해변 등을 한 번에 둘러볼
수 있고 블루 라군 온천까지 경험하게 된다.
연중 가능 시기 11~3월
투어 소요 기간 4박 5일 (숙소 포함)

● **아이슬란드 여행 관련 현지 홈페이지**
아이슬란드 관광청 www.visiticeland.com
레이캬비크 www.visitreykjavik.is
TIP 레이캬비크 관광정보는 공항에서 구하는 'City
Guide' 한 권으로도 충분하다.

한국인을 위한 아이슬란드 여행 사이트

아이슬란드에서 가장 매력 있는 여행 상품들로 꽉 찬 여행사 '가이드 투 아이슬란드'가 한국어 서비스를 시작했다. 홈페이지에는 아이슬란드를 제대로 즐기기 위한 추천 여행지, 패키지 코스, 렌터카 이용 방법 등 다양한 정보가 담겨 있다.

홈페이지 https://guidetoiceland.is/ko

● 렌터카 서비스

아이슬란드 렌터카 서비스의 경우 성수기와 비수기에 따라 고를 수 있는 차량의 편차가 큰데, '가이드 투 아이슬란드'로는 이런 걱정을 다소 줄일 수 있다. 차량 스펙뿐 아니라 해당 차량의 하이랜드 진입 가능 여부까지 상세하게 나와 있다.

● 패키지 여행 서비스

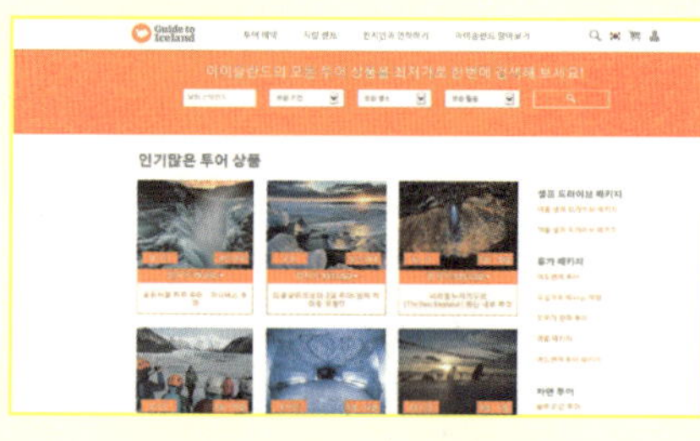

아이슬란드 현지 여행 시 막막하다 싶을 때는 '가이드 투 아이슬란드'의 투어 프로그램을 이용해보자. 투어 프로그램부터 준비물, 소요시간 등이 상세하게 안내되어 있다. 특히 아이슬란드의 높은 물가를 감수해야 하는 여행객들에게 좀 더 저렴한 가격에 좋은 서비스를 제공해준다는 것이 장점이다. 요즘은 현지에는 상주하는 한국인 가이드가 있으며, 최근 신혼여행객들을 위한 개별 투어와 기타 신규 여행 상품들이 속속 추가되고 있어 이용객들에게 좋은 입소문을 타고 있다.

아이슬란드어 현지
회화 가이드

아이슬란드 사람들은 현재 아이슬란드어Íslenska를 사용하고 있다. 하지만
보통 초등교육 때 부터 아이슬란드어 외에도 영어, 독일어, 프랑스어,
스웨덴어 등 외국어 습득과 교육에 개방적인 편이다. 때문에 유명
관광지나 가게 등에서는 대부분 영어로도 의사소통이 가능하다. 하지만
아이슬란드어의 특징과 몇 가지 특징을 알아가면 여행길은 더욱 즐거워진다.

아이슬란드어 Íslenska 특징

아이슬란드에 노르웨이 바이킹이 정착한 후 외부 언어와 접촉 없이 옛 노르드어의 형태를 고스란히 유지한 것이 아이슬란드어다. 아이슬란드어는 극도의 순수주의를 내걸고 18세기 이후 라틴어나 그리스어에서 들어온 차용어를 대부분 배제하고 있으며, 새로운 단어 형성에도 고유어가 많이 사용되어 폐쇄적이라고 평가 받는다. 또한 아이슬란드어는 라틴어, 더 비슷하게는 고대 노르웨이어 또는 고대 영어에 비견될 만큼 문법이 복잡하다. 지형적 특성으로 인해 오랜 기간 독자적으로 방언이 발달한 것도 아이슬란드어의 특징이다. 실제로 아이슬란드 북부와 남부 방언의 어휘 차이는 외국인이 들어도 구분할 수 있을 정도다.

세상에서 배우기 힘든 언어로 아이슬란드어가 손꼽히는 이유는 바로 이 때문이 아닐까? 그래도 여행 시 만나는 그림 같은 간판들도 한 번씩 읽어보고, 간단한 인사 징도는 아이슬란드어로 긴네보면 좋을 깃 같아 따로 정리해봤다.

참고 사이트
WEB http://sigur-ros.co.uk/band/pronunci.php

알아두면 좋은 표현

표기	발음	의미	비고
Halló	할로	안녕하세요. Hello.	Sæll(싸잇) : 남자에게 Sæl(싸일) : 여자에게
Bless bless	블레스블레스	안녕히 가세요. Bye-bye.	Bless라고 한 번만 말하기도 하며, 영어로 그냥 Bye-bye 하기도 함
Goðan daginn	고단 다인	아침 및 점심 인사 Good morning. Good afternoon.	Halló보다는 Goðan daginn을 인사로 많이 씀. *대개 저녁 6시 이전까지만 사용
Gott kvöld	곳 퀼드	저녁 인사 Good evening.	
Goða nott	고다 노트	잘 자요. Good Night.	
Já	야우	네! Yes.	*Já takk(야우 탁) : 네. 그래요.(Yes, please.)
Ju	유	그래요. Well.	대화 중간중간에 하는 추임새
Nei	네이	아니요. No.	
Takk fyrir	탁 피리르	매우 감사합니다. Thank you.	Takk만 말하기도 함

표기	발음	의미	비고
》 Fyrirgef ðu	피리르게브 두	실례합니다. Excuse me.	
Nei takk	네이 탁	괜찮아요. No, thank you.	
Þú ert velkominn	쑤 에르트 벨코민	(우리 집에 온 것을) 환영합니다.	
Gerðu svo vel	게루두 소 벨	여기요. Here you go.	물건을 주고받을 때, '여기요!' 말할 때 상대에게, '그래 말해봐.'
Gaman að hitta þig?	가만 아쓰 히따띠그?	만나서 반가워요. Nice to meet you.	
Hvernig hefurðu það?	콰르닝 헤르푸두 싸쓰	어떻게 지내? How are you doing?	
Ég hef það fínt Bara fínt (구어체)	예그 헤프 싸쓰 핀트 바라 핀트	잘 지내요. I'm fine.	
Ekki slæmt	에키슬램트	그럭저럭요. Not bad.	
Hvað heitir þú?	콰쓰 헤이티르 쑤	이름이 뭐예요?	
Þú ert falleg	쑤 에르트 팟레그	예쁘시네요.	
Þú ert myndarlegur	쑤 에르트 민달레구르	잘생겼네요.	
Gleðilegt nytt ár!	글레딜레그트 니트 아우르	새해 복 많이 받으세요.	
Skál	스카울	건배! Cheers!	
Þetta matur er ljúffengur	세타 마투르 에르 뤼펭구르	음식이 맛있네요.	
Norðurljós eru falleg	노르두르료스 에루 팟레그	오로라가 아름다워요.	
Það er kalt úti	싸쓰 에르 칼트 우티	바깥 날씨가 춥네요.	
Það er mikið rok	싸쓰 에르 미키쓰 로크	바람이 많이 부네요.	
Hvar er kirkjan?	콰르 에르 키르캰	교회가 어딘가요?	*Hvar er ○○? (콰르 에르 ○○) : ○○는 어딘가요?
Hvað kostar þetta?	콰쓰 코스타르 쎄타	얼마예요?	
Get ég fengið afslátt	게트 예그 펑기쓰 아프슬라웃트	깎아 주세요.	
Þetta er dýrt Þetta er ódýrt	쎄타 에르 디르트 쎄타 에르 오드르트	가격이 비싸네요. 가격이 싸네요.	
Gefðu mér kort.	게프두 메르 코르트	지도 한 장 주세요.	
Góð hugmynd.	고쓰 후그민드	좋은 아이디어예요.	
Eg elska þig	에그 엘스카 씨그	사랑해요.	

알아두면 좋은 단어

표기	발음	의미	비고
morgunmatur	모르군마투르	아침 식사	
hádegismatur	하우데기스마투르	점심 식사	
kvöldmatur	퀄드마투르	저녁 식사	
klósett	클로세트	화장실	그냥 toliet이라고 해도 됨
búð	부쓰	슈퍼마켓	
epli	에플리	사과	
appelsína	애펠시나	오렌지	appelsín은 음료수 이름으로 orange lemonade라는 뜻
norðurljós	노르두루료스	오로라	그냥 Aurora라고 해도 됨
eldfjall	엘드퍄들	화산	
foss	포스	폭포	
jökull	외퀴들(요쿨)	빙하	
hver	퀘르	온천	아이슬란드어에서 'hv'는 'ㅋㅎ'발음.
þjóðvegur	쑈쓰베구르	고속도로	
fjallganga	퍋간가	하이킹	
kreditkort	크레딧코르트	신용카드	
reiðhjól	레이쓰횻	자전거	
hótel	호텔	호텔	
banki	방키	은행	
lögregla	르어그레그라	경찰	

TIP 아이슬란드어로 '여행 안내소'는 뭘까?

아이슬란드 현지인들에게 물어보면 여행안내소라는 단어는 딱히 없다고 한다. 굳이 쓰자면 Upplýsingamiðstöð ferðamanna(웁리신가미쓰투어쓰 페르다만나) 정도인데 거의 사용하지 않고 그냥 'Tourist Information'이라고 하면 된다고. 참고로 아이슬란드는 공항 외에 따로 환전소가 없다(환전을 하려면 은행을 이용해야 한다). 때문에 환전소라는 말도 아이슬란드어로 딱히 정해진 것이 없으며, 영어로 'Currency Exchange'라고 하면 통한다.

아이슬란드
여행 콘셉트

혼자 고독하게 여행하라

Solitude, Solitude,

the 11th Commandment

"고독, 고독, 그것은 11번째 계명"

매닉 스트리트 프리처스 Manic Street

Preachers - Yes 가사 中

나의 첫 아이슬란드 여행은 홀로 8일간 떠난 링 로드 탐험이었다. 숭고한 대자연과 단독자로 대면할 때 한없이 작아지는 나를 발견하고, 앞으로의 삶을 겸허히 받아들일 수 있게 해준 시간이었다. 꽉 짜여진 일정이나 매뉴얼 없이, 달랑 지도 한 장 들고 다다른 아이슬란드에서 만난 바람, 추위, 고립무원의 상황은 참으로 혹독할 정도였다. 하지만 지금 돌아보면 희한하게도 내 생애 가장 고결하고 거룩한 순간이었다.

홀로됨과 낯섦 속에서 완전한 자신만의 시간을 만들어보자. 책과 음악도 미리 준비하고, 놓치기 아쉬운 순간을 위해 카메라, 셀카봉, 액션캠, 삼각대 등을 챙기면 좋다. 혼자 다닐 때는 비상상황이 생길 수 있으니, '112 Iceland' 애플리케이션을 다운받고, 기상 상황을 수시로 체크하는 게 좋다.

이런 사람들에게 추천합니다

▸ 영화 〈월터의 상상은 현실이 된다〉에 심쿵했던 월터미티 족
▸ 인생의 변화를 꿈꾸는 30~40代 오피스 족
▸ 자정이 넘어도 잠 못 드는 감성 라이더들
▸ 은하수를 여행하는 히치 하이커들
▸ 그리고 데이빗 보위의 팬

② 가족과 여행하라

*Your parents, they give you
your life, but then they try to
give you their life*
"부모는 그대에게 삶을 주고도
이제 당신의 삶까지 주려고 한다"
척 팔라닉 *Chuck Palahniuk*

두 번째 아이슬란드 여행은 가족과 함께였다. 나에게 삶을 선물한 어머니의 환갑 기념 여행이었다. 신비롭기도 하고, 두렵기도 하고, 아름답기도 하고, 거칠기도 한 땅을 함께 지나면서 가족이 함께해 온 삶의 여정을 돌아보고 지나쳐버린 시간을 보듬을 수 있었다.

그런가 하면 최근 신혼부부들이 아이슬란드를 찾기 시작하는데, 새로운 삶을 시작하는 두 사람에게 아이슬란드는 환상적인 영혼의 축가를 선물할 것이다. 신혼부부가 첫날밤 오로라를 보면 천재를 낳는다는 설이 있는데, 이 또한 도전해보라.

이런 사람들에게 추천합니다

▸ 오랜 시간 차 타고 여행하기 좋아하는 유랑 커플 족
▸ 신혼여행으로 휴양지를 과감히 포기할 수 있는 쿨가이&걸
▸ 부모님께 남다른 효도를 하고 싶은 효자 족
▸ 자식 키우느라 염부진(閻浮塵)이 쌓여 힐링을 요하는 엄빠 족

③ 친구 또는 팀으로 여행하라

*Friends have all things
in common*
"친구는 모든 것을 나눈다"
플라톤 *Plato*

〈꽃보다 청춘 – 아이슬란드〉 편의 포스톤즈 멤버처럼 팀이 되어 여행하는 방법도 있다. 내 경우 세 번째 아이슬란드 여행을 현지인 친구들과 함께 다녔다. 서로 역할 분담도 되고, 그곳에 대해 더 깊숙이 이해할 수 있다는 게 가장 큰 장점이었다. 만약 오랜 기간 많은 추억을 쌓아온 베프들이 있다면 더할 나위 없을 것 같다는 생각이 든다.

친구/팀 여행의 또 다른 장점은 렌터카나 숙식 등에서 비용을 절약할 수 있고, 비상 상황에 서로 도움이 되어줄 수 있다는 점이다. 운전이 가능한 친구가 있다면 서로 자리도 바꿔주고, 심심하거나 적적할 때 말동무가 되어주니, 길벗의 소중함을 느끼게 해준다.

이런 사람들에게 추천합니다

▸ 인생 친구와 함께 떠나는 인생 여행!
　20대 중반~30대 후반 브로맨스 족 및 시스터액트 족
▸ 죽어도 혼자 여행은 못 하겠다 싶은 길벗족
▸ 비용을 아끼고 싶은 알뜰족

②

아이슬란드
여행자들을 위한
음악 팁

♬♪

음악과 여행지의 케미스트리는 상당히 중요하다. 아이슬란드는 더욱이 그렇다. 매 챕터마다 시그니처 음반을 소개했는데, 이외에도 현지에서 즐겨 들은 앨범들을 살짝 남겨본다. (아티스트/앨범/출신국가 순)

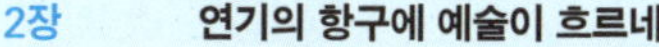
1장

아이슬란드 음악 여행 노하우

① 책에 소개된 음악들을 준비한다.(스마트 폰, CD, MP3 등)

아이슬란드는 Wifi나 통신 상황이 좋지 않아, 여행 시 실시간으로 음원 사이트 이용이 어려울 때가 많다. 번거롭더라도, 듣고 싶은 음악을 스마트폰, MP3 등 음향기기에 미리 담아가자. 이 책에 나온 음악들과 함께 자신이 듣고 싶은 노래들을 챙겨가는 것도 좋다. 이렇게 준비한 음악들은 분명 아이슬란드 곳곳에서 다른 소리의 감동을 전할 것이다.

② Aux잭, 보조 배터리를 챙긴다.

차에서 음악을 즐기고 싶다면, 음향기기와 차를 연결해줄 Aux잭과 충전 케이블을 준비하자. 겨울철에는 배터리 소모가 빠를 수 있어 보조 배터리도 챙기면 좋다. 최근 렌터카에는 블루투스 기능이 내장된 경우도 있으나, 없는 경우도 많아 Aux잭을 챙기는 게 좋다.

③ 음악 듣기 전에 침묵과 현장의 소리를 음미한다.

아이슬란드에서는 대자연이 주는 사운드 자체가 경이롭다. 음악 소리보다 이 소리에 먼저 귀 기울여 보자. 아이슬란드 여행 동안 여러분들은 원하는 장소에서 침묵과 소리를 지휘할 수 있다.

④ 현장의 소리에 음악을 더한다.

아이슬란드 한복판에서 DJ가 되어보자. 책을 따라 장소와 음악에 맞춰 감상을 시도하거나, 준비해 간 음악들을 자신의 기분에 따라 틀어보는 것도 좋다. 여러분들의 감성은 어느덧 아이슬란드에 청아한 빙하처럼 아름답게 빛날 것이다.

©Iurie Belegurschi

THANKS TO

삶이라는 여행길을 열어주고, 음악에 빠지게 하고,
글쓰기에 도전하게 해준 나의 어머니께 이 책을 바칩니다.
나를 나 되게 해준 친구 준혁, 주형, 승일, 대운이, 다희 엄마 남일, 지효 엄마 승희,
시작부터 힘이 되어 준 우주 미녀, 맘 따뜻한 김경진 님과 남현서, 가의,
화학형제 멤버들 정진이, 유경 누나, 승훈이, 하나, 남억이, 정민 형,
거침없고 발랄한 브랜드 매니저 인창이,
유니버설 뮤직의 창조적 전략가 유겸이,
아낌없이 주는 나무 기준 형, 영미 누나,
하늘만큼 높은 은혜 김규진 장군님,
한양대 경영학과 정현철 교수님, 계명대 경영학과 이호택 교수님, 김경호 교수님,
이민영 교수님, 제일기획 최영진 프로님, 유재현 프로님, 동아일보 임희윤 기자님,
슈어 민상원 기자님, 한국일보 고경석 기자님, 네이버 함성민 부장님,
아리랑TV 김성현 님, 서울신문 최여경 기자님, GQ 정우영, 머니투데이 이재원,
벅스뮤직 김봉환 차장님, 워너뮤직 윤형근 차장님, 조혜원 차장님, CJ E&M 안지혜 님,
BMW 월드 클래스, 별보다 빛나는 진욱과 그의 짝 유리,
Airbnb 홍종희 PR 디렉터님, DJ기호 손기호와 세라 형수,
항상 배포 크게 지원해주시는 WDS 대표 황의규 형님,
아이슬란드 현지에서 응원해준 친구 Thor와 Oni,
가이드투아이슬란드 이주영 매니저님,
세계를 여행하는 멋진 부부 임현주, 이채룡 님, 피렌체에서 만난 간지남 김원섭,
일터에서 티나지 않게 지그시 응원해준 직장 동료
류성미, 김애녹, 김선균, 황재민, 박재욱, 김민주, 정동호, 김만재, 안은총, 변민석, 노경설 님,

텀블벅에서 후원해주신

김성욱, 이석재, 조현재, 오훈구,

우병우, 김유나, 이진원, 박다미, 신지은, 김현준,

구세주, 유형빈, 유형경, 박문칠, 이환성, 한상민, 김지희,

박지현, 정난희, 김지연, 강한준, 정두엽,

강상욱, 강병원, 박성진, 황혁진, 한지연, 이준예, 임재연,

김은아, 최준식, 정지은, 이나영, 이지용,

조성은, 최욱진, 강은아, 이현서, 이소희, 이지선, 노태윤, 이서영,

이수정, 이세윤, 최희진, 이정호,

박재호, 서담원, 임현섭, 윤소정, 한도경,

이단비, 허윤정, 최익주, 천지현, 황현화, 이종원, 박미란,

신지헌, 성효선, 김자민, 백산하, 이지은, 이재원, 강성재 님.

이외에도 집필 기간 동안 여러 모습으로 함께 해주신 모든 분들께 감사드립니다.

책을 출판할 수 있도록 용기와 조언을 아끼지 않은 손혜린 에디터님에게 감사를 전합니다.

서가의 수많은 책들 중에서 이 책을 집은 당신, 고맙습니다.

마지막으로 영감의 아티스트 데이빗 보위David Bowie,

데이빗 핀처David Fincher,

그리고 마이클 잭슨Michael Jackson과 신해철 형님께도 내 이야기를 바칩니다.

ICE LAND

살면서
꼭한번

초판 1쇄 2016년 4월 20일

지은이 ㅣ 이진섭

발행인 ㅣ 이상언
제작책임 ㅣ 노재현
편집장 ㅣ 이정아
에디터 ㅣ 손혜린
사진 ㅣ 이진섭
감수 ㅣ 이문숙
협업 지원 ㅣ 김봉환(벅스뮤직), 윤형근(워너뮤직), 이유겸(유니버설뮤직)
아이슬란드 현지 지원 ㅣ 이주영(가이드투아이슬란드), Iurie Belegurschi, Kristjan Torr, Lanus Oni Johannsson
디자인 ㅣ 렐리시
리터칭 ㅣ STUDIO SIM
마케팅 ㅣ 오정일 김동현 김훈일 한아름
발행처 ㅣ 중앙일보플러스(주)
주소 ㅣ (04517) 서울시 중구 통일로 92 에이스타워 4층
등록 ㅣ 2007년 2월 13일 제2-4561호
판매 ㅣ (02) 6416-3917
제작 ㅣ (02) 6416-3934
홈페이지 ㅣ www.joongangbooks.co.kr
페이스북 ㅣ www.facebook.com/hellojbooks

ⓒ 이진섭, 2016
ISBN 978-89-278-0755-1 13920

중앙북스는 중앙일보플러스(주)의 단행본 출판 브랜드입니다.